摩西與一神教

佛洛伊德生平嘔心瀝血的最後一部作品
中文世界唯一德文直譯本

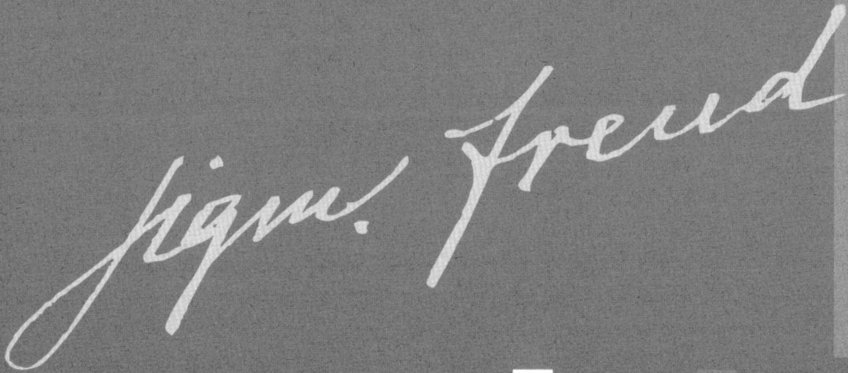

西格蒙德・佛洛伊德 著
林宏濤 譯

【導讀】

如果宗教的真相是被潛抑的事物的回歸……

林宏濤

法國哲學家保羅・呂格爾在（Paul Ricoeur）在《詮釋的衝突》裡說：「心理分析與文化的關係不只是基於輔助的或間接的理由而已。由於它絕不是對於人類存在的拒斥與人性黑暗面的單純解釋，當它突破在分析者與病人之間的關係的有限架構，並且提升到文化的詮釋學的層次時，它便顯示出它真實的意圖。……心理分析在當代文化運動裡扮演的是文化的詮釋者的角色。換句話說，由於它對於人的詮釋是以一種核心且直接的方式與整體文化發生關係，心理分析於是代表著一種文化的變遷。它使詮釋成為文化的一個要素；藉由詮釋世界，它改變世界。」（注1）

佛洛伊德一生的著作必須被視為一個整體，一部龐大的思想機器。如果只是把佛洛伊德的心理分析當作精神醫學的一支，那麼就會錯過了從個體心理學到社會心理學、藝術、道德和宗教的連續性，忽略到它對於人類心靈和文明的宏觀解釋的巨大力量。儘管佛洛伊德不斷謙稱其研究作品是「謹慎的、局部的、有限的」，但是我們可以也必須看到這種種研究背後的統一性觀點，例如「被潛抑的事物的回歸」、「驅力的放棄」、「愛欲驅力和死亡驅力」、「快樂原則和現實性原則」，也必須思考個體心理學和群眾心理學之間的類比的可能性，如此才能理解他的理論何以無所不在。

佛洛伊德出身於一個俗世化的猶太商人家庭，沒有接受任何宗教教育。他一生對於宗教抱持著批判的態度，卻在以科學的觀點探究宗教方面貢獻卓著。《摩西與一神教》（*Der Mann Moses und die Monotheistische Religion: Drei Abhandlungen*, 1939）是佛洛伊德生前的最後一部作品，主要是延續《圖騰與禁忌》的人類學研究，而特別著眼於猶太教。（楊．阿斯曼〔Jan Assmann〕指出，「Der Mann Moses」一詞在德文版聖經裡只出現了一次，也就是《出埃及記》11:3：「耶和華叫百姓在埃及人眼前蒙恩，並且摩西在埃及地、法老臣僕，和百姓的眼中看為極大。」佛洛伊德使用「Der Mann Moses」這個說法，正是在影射摩西在埃及的王室出身。）該書出版之後，纏綿病榻的佛洛伊德便因為癌症而溘然長逝。

《摩西與一神教》共有三篇論文：〈摩西，一個埃及人〉、〈如果摩西是個埃及人……〉以及〈摩西、他的族人以及一神教〉，前兩篇論文曾經發表於《形象》雜誌（*Imago*, Bd. XXIII, Heft 1 und 3）。關於出版緣起，憂讒畏譏的佛洛伊德在書中說到：「其實它被改寫了兩次。第一次是幾年前在維也納，那時候我覺得這篇論文應該沒有出版的機會。我決定把它擱下，可是它就像孤魂野鬼一樣揮之不去，於是我想到一個辦法，把它拆成兩篇論文，刊登在我們的雜誌《形象》，第一篇是以心理分析為整個研究拉開序幕（〈摩西，一個埃及人〉），第二篇則是以此為基礎的歷史論證（〈如果摩西是個埃及人……〉）。至於剩下的部分，或許讓人反感而且有可能惹禍上身，則是把我的理論應用到一神教的生成以及一般性的宗教觀念的問題上，我以為從此要藏諸名山了。一九三八年三月，由於德軍的突襲，我不得遠離家鄉，卻也因此不必擔心我的論文出版會不會使得那裡原本被許可的心理分析遭到當局查禁。我才抵達英國，就無法抵擋把我塵封已久的研究公諸於世的誘惑，於是著手改寫第三篇論文以銜接前兩篇已經刊載的論文。」

不過楊．阿斯曼指出，佛洛伊德在死前於阿姆斯特丹亞勒德郎吉出版社（Verlag Allert de Lange）出版的最後一部作品，其實要追溯到一九三四年的「歷史小說」，其中包含了二十八頁的手稿、以十頁篇幅討論二手資料的「附錄」，以及十三頁的注釋。附帶一提的是，阿斯曼是德國著名的埃及學家，於二〇一七年獲德國書商和平獎，他認為古代埃及宗教對於猶太教的影響遠出乎人們的想像。他於一九九八年出版的《埃及人摩西》（*Moses der Ägypter: Entzifferung einer Gedächtnisspur*）及其「摩西的分別」（die Mosaische Unterscheidung）（所謂的分別，不是指一神論和多神論的分別，而是獨一的真神和虛假的多神的分別）的概念，正是向佛洛伊德致敬。

關於《摩西與一神教》的寫作梗概，佛洛伊德在一九三五年一月六日致莎樂美（Lou Andreas Salomé）的信中寫道：「它的起點是探討是什麼真正創造出猶太人的特殊性格的問題，並且以『猶太人是摩西這個人創造出來的』作為結尾。這個摩西是誰，他造成了什麼影響？我想要以一種歷史小說的形式回答。摩西不是猶太人，而是埃及貴族、大官、祭司，或許也是王朝的王子，一個一神教信仰的忠實信徒，安夢和泰普四世於西元前一三五〇年左右把它變成一個官方宗教。法老崩殂之後，這個新興宗教因而瓦解，第十八王朝也跟著隕歿，這位志向高潔的上首信徒感到灰心失望，於是決定離開祖國，隻手創造一個新民族，以他的老師的偉大宗教教化其人民。他屈就於在西克索時期定居在埃及的閃族部落，成為他們的領袖，幫助他們擺脫徭役獲得自由，對他們宣揚靈性化的阿頓宗教，引進埃及人特有的割禮習俗，使他們成為聖潔的國民而有別於所有外邦人。猶太人後來炫耀說神揀選了他們民族，並且把他們從埃及拯救出來，這些想法正是摩西告訴他們的。他以選民的觀念以及新宗教的禮物創造了猶太人。

「這些猶太人和以前的埃及人一樣，都受不了阿頓宗教深思高舉的信仰。有個基督教學者瑟林（Ernst Sellin）認為，摩西有可能在其後幾年族人的一場叛變當中遇害，他的教義也被族人棄若敝屣。看起來我們可以確定的是，從埃及歸回的部落和定居在米甸（在巴勒斯坦和阿拉伯半島西岸之間）的族人團聚，接受了對於西乃山的火山神的敬拜。這個原始部落的神雅威，變成了猶太人的民族神。可是摩西的宗教並沒有被消滅，關於它及其創立者的故事一直在流傳著，傳說把摩西的神和雅威熔於一爐，說是祂把猶太人從埃及拯救出來，並且把摩西同化為把雅威敬拜引進以色列的米甸祭司們。事實上，摩西根本不知道雅威這個名字，猶太人從來沒有渡過蘆葦海，也沒有到過西乃山。雅威因為僭位了摩西的神而付出重大的代價。舊有的神一直如影隨形，歷經了六百年到八百年，雅威終於變成了摩西的神的形象。作為快要失傳的傳說，摩西的宗教再度流行起來。這個歷程在宗教的建立上是個典型現象，它只是重複了從前的歷程。所有宗教的力量都是來自於被潛抑的事物的回歸（die Wiederkehr des Verdrängten），這個被潛抑的事物是對於人類歷史裡古老的、隱藏的、深植人心的歷程的記憶恢復。我在《圖騰與禁忌》裡曾經提到這點，現在我換個說法：使宗教強大的，不是它的現實真理，而是它的歷史真相（F/AS, 222 ff.; Grubrich-Simitis 1991, 21-24）。」（注2）

佛洛伊德的論述大抵上都是依據當時埃及學家和歷史學家的研究成果：布列提斯特（J. H. Breasted, 1865-1935）、麥耶（Eduard Meyer, 1855-1930）和瑟林（Ernst Sellin, 1867-1946）；他引用以上學者的論證，認為摩西不是猶太人，而是埃及人，並且主張說，摩西所處的年代正值易肯阿頓的王朝，對於在當時世代作為奴工的閃族部落宣揚阿頓的宗教。

詹姆士·亨利·布瑞斯特是美國考古學家、埃及學家和史學家，一生倡導古埃及以及西亞古文明的研究。他蒐集了當時已知的所有埃及象形文字銘文，出版了五大冊的《古埃及記錄》（*Ancient Records of Egypt*, 1906）。他更於一九〇五至〇七年率領考古團隊到埃及和蘇丹，拓印了許多碑文，他的《埃及歷史》（*A History of Egypt from the Earliest Times to the Persian Conquest*）也是當時膾炙人口的著作。在洛克斐勒的資助下，他於一九一九年在芝加哥大學成立「東方研究所」，現在改名為「古代文化、西亞和北非研究所」（Institute for the Study of Ancient Cultures, West Asia & North Africa），是關於西北亞和中東的研究重鎮。

佛洛伊德關於「摩西」、「以色列」和「雅威」的由來的說法，主要是依據布瑞斯特的《意識的黎明》（*The Dawn of Conscience*, 1933）。我們在閱讀佛洛伊德之前，有必要先理解一下布瑞斯特的闡述。

在談到「以色列」這個名字的由來時，布瑞斯特指出：「希伯來人第一次出現在歷史競技場，是在阿瑪那文書（The Tell el-Amarna Letters）裡，它不會晚於西元前一千四百年，也就是說，比任何現存的希伯來文獻都要古老得多。這些楔形文字的書信告訴我們說，有一群希伯來游牧民族漂流到巴勒斯坦，接著在埃及的統治下擔任傭兵。近兩百年來，我們對他們的認識就只有這麼多，直到拉美西斯二世（Ramses II）的兒子梅內普塔（Merneptah）在底比斯豎立的埃及石碑，比西元前一千兩百年還早個一、二十年，它為我們保存了一首凱旋頌歌，我們在其中看到他誇耀說：『以色列荒蕪，其種無存。』其時是在士師時期，希伯來民族仍然處於雛形，並沒有任何中央政府或國家組織。希伯來人民大抵上依舊是許多世紀下來逐水草而居的生活產物，在他們進入巴勒斯坦以前，是在沙漠邊緣的一個游牧民族。他們擁有沙漠部落的凶殘野蠻習慣，甚至是原始民族類似蠻族的生活習俗，例如宰殺頭生子以獻祭部落神。這些地方神可能是盤據山頂或溪畔的惡魔，或者是夜裡出沒作崇的夜魔，雅各在雅博（Jabbok）渡口就和一個夜魔摔跤，那個夜魔在破曉之前倉皇而逃。在猶大地（Judea）南部，這種地方神鬼叫作厄勒（ēl），那並不是個專有名詞，在古代閃語裡，是地方上的『神』的意思。傳到我們現在就成了以色列（Isra-ēl），那是賜予雅各的名字，因為他和神較力；此外還有一整組名字，例如『米迦勒』（Micha-ēl），意思是『誰能像神』。在迦南地極北之處，迦南人的諸神則叫作『巴力』（baals）或上主。」

而關於摩西的名字，他接著又說：「我們要注意到，他的名字『摩西』其實是埃及文。而埃及文裡的『mose』就是『孩子』的意思，而且是諸如『Amen-mose』（『安夢孩子』的意思）或者『Ptah-mose』（『普塔孩子』的意思）之類全名的縮寫。而這些語詞本身則又是比較冗長的句子『安夢賜予一個孩子』或者『普塔賜予一個孩子』的縮寫。『孩子』這個縮寫不久就成為比較累贅的全名的方便簡稱，而『Mose』（孩子）在埃及的碑文裡也並不罕見。摩西的父親一定在為兒子取名字時加上了埃及神明的前綴詞，像是安夢霍普塔之類的，而這些神明的名字在現在的用法漸漸被省略掉，直到孩子僅僅被叫作『Mose』。摩西的領導力，他據以拯救其人民擺脫外國人的枷鎖的勇氣和手腕，包括拯救本身，以及摧毀窮追不捨的埃及軍隊的若干自然災害——這些都是傳誦不輟的希伯來傳說，賜予希伯來人第一個榮耀的遺產，而那也正是把他們凝聚為一個民族的最早的焊接劑。」

其次，布瑞斯特也談到「雅威」這個名字的源流：「在這些事件的某個階段當中，摩西和一個叫作米甸人的沙漠部落一起在巴勒斯坦南部曠野裡流浪，特別是一個叫作葉忒羅的祭司，從他那裡認識到他們的地方神雅威（Yahveh, Jahveh）。這的地區自西乃山北部起，特別是沿著死海到約旦河谷的斷層，有許多相當晚近的火山活動的地質學證據。在一則希伯來傳說裡，該地區的兩座城市所多瑪（Sodom）和蛾摩拉（Gomorrah）被天上的『硫磺與火』（《創世記》19: 23-28）毀滅，無疑是希伯來人早期地方部落對於還沒有忘記的火山爆發的模糊記憶。根據舊約聖經的描述，伴隨著希伯來人出走埃及的種種神蹟也顯然有火山活動的特徵。雅威的奇特顯現，諸如『火柱』或『雲柱』，以及祂在大白天以『雷轟、閃電和密雲』降臨西乃山上，顯然都是火山現象。人們早就承認雅威是個坐落於西乃山的地方性火山神。由於摩西的影響，希伯來人拋棄了他們的厄勒（el），接受雅威為他們獨一的神。」（注3）

不管是字源學的證據或者是佛洛伊德在文中的第二個關於摩西的出生的懷疑理由，他都承認只是個歷史猜想。但是重點是依據這個猜想，猶太教的一神教觀念、割禮的律例，都可以追溯到埃及法老易肯阿頓的宗教改革以及他獨尊太陽神的一神論信仰。而這個主張一神論的摩西宗教和米甸人的雅威信仰的妥協，就形成了猶太民族的宗教。

在第二篇論文〈如果摩西是個埃及人……〉裡，佛洛伊德引用瑟林的一個更加驚世駭俗的說法。恩斯特・瑟林是德國基督教神學家，也是把考古學應用到聖經研究的先驅。瑟林認為摩西是在一次猶太人的叛變當中殉難的。他的猜想並沒有被學界接受，而關於以色列的歷史研究圈甚至對於瑟林的觀念隻字不提。佛洛伊德並沒有採用瑟林重構歷史的方法，而是以個體心理學和群眾心理學的類比方式去解釋民族記憶的遺忘以及傳說的扭曲。佛洛伊德在文中提到他之所以引用瑟林的說法的理由：「一九二二年，瑟林有個對於我們的問題影響重大的發現。他在先知何西阿（西元前八世紀下半葉）那裡找到一則傳說的明確跡象，內容是說宗教創立者摩西在冥頑不靈而不可救藥的族人的反叛當中慘遭殺害。他所宣揚的宗教也被拋棄。可是提到這則傳說的不只有何西阿，它在其後大多數的先知的作品裡反覆出現，瑟林認為它是後來對彌賽亞的所有期待的基礎。」瑟林認為何西阿和阿摩司兩位北國先知保存了摩西以及出埃及時期的「曠野宗教」，他們特別強調一個重視倫理的一神教，而反對和迦南地的宗教習俗的融合。在註釋《以賽亞書》第五十三章時，他認為那身受諸苦為贖人罪的僕人指的就是摩西：「他被欺壓，在受苦的時候卻不開口；他像羊羔被牽到宰殺之地，又像羊在剪毛的人手下無聲，他也是這樣不開口。」

瑟林說：「在西元前三世紀，儘管所有司祭們的遮遮掩掩，關於摩西殉難的傳說仍然在流傳著，人們覺得謀害以及拋棄摩西是民族的重罪，民族因為這個罪而病入膏肓，直到救恩的介入，他們才得以赦免。儘管《撒迦利亞書》的世界末世說法相當笨拙，它對於整個以色列的歷史的考察卻一直是震撼人心而且真實深刻的：由於拋棄了自己的宗教創立者，那個對他們提倡對於獨一而聖潔的神及其簡單明白的道德意志的淳樸信仰的人，民族因而沉淪了，唯有轉向他才能重獲救恩。我們從福音書裡知道，耶穌也以撒加利亞的世界末日說法自況而正確指出其最深刻的宗教思想，儘管他和當時人們一樣完全不清楚其歷史由來，見：《馬太福音》26:31。」（注4）

關於不同聖經底本的說法、摩西的出身、他和利未人的關係、以及在加低斯的宗教折衷讓步，佛洛伊德的看法大抵上是擷取自瑟林的研究，我們在評論佛洛伊德的《摩西與一神教》時，瑟林的《摩西及其對於以色列猶太宗教歷史的意義》（*Mose und seine Bedeutung für die israelitisch-jüdische Religionsgeschichte*）是不可忽略的文獻。

在〈摩西，一個埃及人〉和〈如果摩西是個埃及人……〉，佛洛伊德相當謹慎地提出關於摩西這個歷史人物的猜想，試圖指出在種種歷史扭曲之下的真相。而這個歷史猜想的推論，也會延伸到關於一神論起源的重要問題。呂格爾在《佛洛伊德與哲學》裡指出，《摩西與一神教》裡包含了四個歷史假設：第一、摩西是個埃及人，是阿頓宗教的信徒，一個信仰太陽神的一神教，儘管佛洛伊德也承認不管是名字的起源或是出身的解釋，都不足以證明這個假設。第二個假設是摩西把易肯阿頓的宗教傳到閃人部落，然而就算如此，我們還是看不出它和猶太人的宗教的關係在哪裡。第三個假設是摩西在族人的叛變當中殉難，而他的宗教也在一百多年後和信仰雅威的宗教融合在一起。然而這個依據瑟林的研究的假設相當薄弱，就連瑟林自己後來也放棄了。第四個假設是先知們推動回歸摩西的宗教，以強調道德的神重演那個創傷性事件。這個假設指出了罪惡感和歷史回憶之間的關係，也就是佛洛伊德所說的被潛抑的事物的回歸。（注5）

然而，佛洛伊德並不滿足於提出這個歷史猜想而已。他更試圖在摩西的殉難當中找出人類社會形成的原型，並且在個體心理學裡的創傷經驗的潛抑和群眾心理學裡的歷史記憶的遺忘和扭曲之間找到類比，在精神官能症的病原學以及文化的詮釋之間、在個體發生學與系統發生學之間，找到一個焊接點。而這就是第三篇論文〈摩西、他的族人以及一神教〉，也是全書最讓人拍案叫絕的部分。佛洛伊德自己也在書中說：「如果我們認為這種記憶痕跡持續存在於我們的古老遺傳性狀裡，那麼我們就是在個體心理學和群眾心理學之間的鴻溝搭起橋樑，以我們治療個人的精神官能症的方式去探討民族的問題。儘管我們必須承認，不管是古老的遺傳性狀裡的記憶痕跡，或者是心理分析工作所喚起的、必須從系統發生學推論出來的殘餘現象，我們至今都沒有充足的證據，但是我覺得現有的證據已經足以讓我們假定有這樣的情況存在。若非如此，我們不管在心理分析或是群眾心理學方面都會寸步難行。這個假定是個不可避免的大膽之舉。」

如果佛洛伊德的論文止步於對於摩西這個歷史人物的揣測，那麼《摩西與一神教》應該就只是一部宗教史的研究而已。但是佛洛伊德延續他在《圖騰與禁忌》的理論，以這個歷史假設為起點，把心理分析和宗教人類學熔於一爐，指出了人類社會的原始樣貌以及宗教的可能起源，以及它們如何在個人心理和人類歷史裡遭到壓抑、遺忘和扭曲。正因為如此，《摩西與一神教》才成為人類不朽的思想經典，而我們也於是明白為什麼呂格爾把佛洛伊德和尼采以及馬克思並列為揭露人類虛假意識（黑格爾用語）的懷疑大師。

（本文作者現任商周出版編輯顧問）

注釋

注1：見：呂格爾，《詮釋的衝突》，頁152，林宏濤譯，使者出版社，1990。

注2：見：Jan Assmann, *Der Mann Moses und die monotheistische Religion, in:* Hans-Martin Lohmann, Joachim Pfeiffer (Hg.), *Freud Handbuch. Leben- Werk- Wirkung*, Stuttgart, Weimar 2006, S. 181-187。

注3：見：James Henry Breasted, *The Dawn of Conscience*, pp. 330, 350-351, 353-354。

注4：見：Ed. Sellin, *Mose und seine Bedeutung für die israelitisch-jüdische Religionsgeschichte*, 1922, p. 124。

注5：見：Paul Ricoeur, *Freud and Philosophy: An Essay on Interpretation*, p. 245-246, trs. Denis Savage, 1970。

INHALTSVERZEICHNIS

第二部

摩西，一個埃及人

如果說要人們否定一個民族偉人，那會是讓人相當難堪的事，尤其是如果他自己也是該民族的人。然而在任何情況下，我都不可能為了所謂的民族大義而放棄真理。而只要我們澄清一個事實，應該就可以讓人更明白其中原委。

摩西這個人，猶太人的解放者、立法者和創教者，他所屬的年代太湮遠了，因此我們第一個要問的是，他究竟是個歷史人物或者是傳說創造出來的。若是真有其人，那麼他或許是西元前十三或十四世紀的人；除了聖經和猶太人的文字傳說以外，我們沒有關於他的任何記載。儘管史不足徵，大多數的史學家還是認為摩西真有其人，而和他有關的脫離埃及也真有其事。我們可以說，如果我們不接受這個前提，就無法理解以色列民族後來的歷史，現在的科學固然越來越謹慎，但是相較於早期的歷史批判，在對待傳說方面卻也更寬大。

對於摩西（Moses）這個人，我們第一個關注的是他的名字，希伯來文叫作「Mosche」（Moshe）。或許有人會問，這個名字是打哪裡來的？是什麼意思？大家都知道，《出埃及記》第二章就有個答案了。埃及公主在尼羅河畔救了一個被遺棄的孩子，為他取了這個名字，詞源學上的意思是：「因我把他從水裡拉起來。」可是這個解釋顯然並不恰當。《猶太詞典》的一個作者說（注1）：「聖經把這個名字解釋成『從水裡被拉起來的人』，是通俗語源（Volksetymologie）（譯注1）的說法，而和現在的希伯來語形式不符（『Mosche』充其量只是『拉起來的人』的意思）。」我們還有另外兩個理由可以反對這個說法，第一，我們沒有理由相信一個埃及公主會知道孩子的名字是源自希伯來語，第二，那孩子也很可能不是從尼羅河裡被拉起來的。

相反的，自來即有多方猜測說，「摩西」這個名字其實是源自埃及文。我在這裡不想列舉所有作者的說法，而僅僅翻譯布瑞斯特（J. H. Breasted）（譯注2）（注2）新書裡一段相關的文字，他的《埃及史》（*A History of Egypt*, 1906）被公認為該領域的權威著作。「我們要注意到，他的名字『摩西』其實是埃及文。而埃及文裡的『mose』就是『孩子』的意思，而且是諸如『Amen-mose』（『安夢孩子』的意思）或者『Ptah-mose』（『普塔孩子』的意思）之類全名的縮寫。而這些語詞本身則又是比較冗長的句子『安夢賜予一個孩子』或者『普塔賜予一個孩子』的縮寫。『孩子』這個縮寫不久就成為比較累贅的全名的方便簡稱，而『Mose』（孩子）在埃及的碑文裡也並不罕見。摩西的父親一定在為兒子取名字時加上了埃及神明的前綴詞，像是安夢霍普塔之類的，而這些神明的名字在現在的用法漸漸被省略掉，直到孩子僅僅被叫作『Mose』。（『Moses』的字尾『-s』是源自舊約聖經的希臘譯本，不屬於希伯來文，在希伯來文裡就叫作『Mose』。）」我全文引述這個段落，只是不想為其說法負責而已。不過我倒是有點驚訝布瑞斯特在引證相關的名字時略去了埃及諸王類似的神名，例如「阿摩斯」（Ah-mose）、「圖特穆斯」（Thut-mose, Thot-mes）、「拉美西斯」（Ra-mose, Ramses）。（譯注3）

有人會認為，在眾多作者當中，應該起碼有一個人知道摩西是埃及人的名字，而主張說叫這個名字的人是個埃及人，或者至少有此可能。到了現代，我們會不假思索地如此推論，儘管現在的人會有兩個名字，也就是姓氏和名字，而不只是一個，也不排除改名字或者語音同化的情況。於是我們也不會驚訝於發現原來詩人夏米索（Chamisso）（譯注4）祖籍是法國人，拿破崙（Napoleon Buonaparte）是義大利人，而我們從狄斯累利（Benjamin Disraeli）這個名字就可以猜到他是義大利猶太人。而在上古時代，從名字推論出種族應該更可靠，其實也更有說服力。可是就我所知，關於摩西的情況，沒有任何歷史學家提出這個推論，也沒有人像布瑞斯特一樣假設摩西「熟諳埃及人的所有知識」。（注3）（注4）

至於到底有什麼顧忌，我們則不得而知。或許是因為對於聖經傳說的尊重難以踰越。或許是因為「摩西不是希伯來人」這個想法太驚世駭俗了。無論如何，埃及名字的這個認知對於摩西出身的判斷顯然沒有那麼決定性，所以也就沒有下文了。如果說人們認為這位偉人屬於哪個種族是很重要的事，那麼任何新證據應該都是可以接受的。

這就是我的這篇短文的目的。而它之所以會刊登在《形象》（*Imago*）雜誌上，那是因為它的內容算得上是心理分析的一種應用。這裡得出的論證當然也只會影響到少數熟悉分析性思考並且懂得如何評斷其結論的讀者們。但願我的這些結論對他們而言是有意義的。

一九〇九年，當時依舊受到我的影響的蘭克（Otto Rank, 1884-1939）（譯注5），在我的鼓勵下發表了一篇論文，題目是〈英雄誕生的神話〉（*Der Mythus von der Geburt des Helden*）（注5）。它探討的是一個事實，「幾乎所有重要文明的民族……在早期都會在神話和傳說裡歌頌它們的英雄、傳奇的國王和諸侯，宗教領袖，朝代、王國和城市的創建者。」「它們特別會為這些人的出生和早年經歷賦予充滿想像的特徵；這些傳說驚人的相似性，有一部分在用語上甚至完全相同，即便指涉的是不同的、完全相互獨立的、有時候距離很遠的民族，許多研究者早就知道也注意到了。」依據蘭克的推論，我們以**加爾頓**（Galton）的技術重建了一個「平均值傳說」（Durchschnittssage），強調所有這些故事的基本特徵，於是得到以下的畫面：

「英雄一般都是出身**貴族**，大多是個王子。他的誕生經歷了種種艱難，例如守貞或長期不孕，或者是父母親因為外在的禁令或者阻礙而只能暗通款曲。在懷孕期間或者更早以前，就會有關於他的出生的警示（夢境或神諭），大多是說會威脅到父親的性命。於是**父親或者他的代理人**會下令處死或是拋棄這個新生兒；一般是把孩子放**在籃子裡隨著河水**流走。孩子會被**動物或是窮人**救起來，例如說牧羊人，由**雌獸或是貧家女**哺育。當他長大成人，會以不同的方式和父母親重逢，一方面**向父親報仇**，另一方面也**獲得承認**，並且名利雙收。」

和這個出生神話有關的第一個歷史人物應該是**阿卡德的薩爾貢**（Sargon von Agade），**巴比倫帝國**的創建者（ca. 2800 B.C.），我們不妨轉述一下他自己的說法：

「我是**薩爾貢**，強大的國王，**阿卡德**的國王。我母親是個女祭司，我不知道父親是誰，我父親的兄弟住在山裡。在我的城市，幼發拉底河畔的阿蘇皮拉努（Azu-piranu），我母親，女祭司，懷了我。**她偷偷生下了我。她把我放入用燈芯草編織的籃子裡**，用瀝青封蓋，**並且把我拋到河裡**，但是我並沒有被淹死，而是順著河流漂到**灌溉者阿奇**（Akki）那裡。灌溉者阿奇好心把我從河水裡撈起來。**灌溉者阿奇把我當作他的兒子撫養長大**。灌溉者阿奇要我當他的園丁。我在當園丁的時候，伊西塔（Ishtar）（譯注6）愛上了我。我成了國王，統治王國四十五年。」

以**阿卡德的薩爾貢**為起點的一系列名字當中最家喻戶曉的，應該是摩西、居魯士（Kyros）（譯注7）和羅穆路斯（Romulus）（譯注8）。可是除此之外，蘭克還列舉了神話或傳說裡提到的英雄人物，他們的童年故事或者是一模一樣或者部分相同，例如說伊底帕斯（Ödipus）、迦爾納（Karna）（譯注9）、帕里斯（Paris）、特列弗斯（Telephos）（譯注10）、波修斯（Perseus）、赫拉克列斯（Herakles）、吉加美士（Gilgamesh）（譯注11）、安菲翁（Amphion）和齊策斯（Zethus）等等（譯注12）。

透過蘭克的研究，我們認識到這些神話的源頭和旨趣。我想只要大概提一下他的推論就行了。所謂的英雄，是指勇敢地對抗他的父親，而且到頭來戰勝父親。我們的神話則是要把這個對抗追溯到一個人的早年，孩子在對抗父親的意志之下出生，又在對抗父親的邪惡意圖之下獲救。放在籃子裡拋棄顯然是出生的象徵性表現，籃子影射的是子宮，河水則是影射羊水。在無數的夢境裡，親子關係都是表現為從水裡被拉出來或是從水裡被救出來。當民族的想像把這個出生的神話附著到一個名人身上，它就是想要把這個人當作英雄，宣告說他已經具備了一個英雄生平的圖式。可是整個神話的起源卻是孩子所謂的「家庭小說」，也就是兒子如何回應他和父母親的情感關係的改變，尤其是父親。孩子在童年早期都會誇大對於父親的評價，同樣的，在夢境或童話裡的國王和王后也總是代表著父母親。接著由於叛逆以及現實的失望，孩子會脫離父母親並且批判父親。神話裡的兩個家庭，貴族和窮人家，因而是他自己的兩個家庭的反映，它們會在其一生當中相繼出現。

我們可以說，有了這個解釋，我們就會明白英雄出生的神話的流傳以及相似性了。而更讓我們眼睛為之一亮的是，摩西出生和被拋棄的傳說有個特殊地位，它在一個重要的方面甚至和其他神話大相逕庭。

我們從這兩個家庭著手研究，而傳說正是讓孩子的命運在它們之間上演的。我們知道在心理分析的解析裡，它們是同一個家庭，只是有時序上的不同。在神話的典型形式裡，第一個家庭，也就是孩子的原生家庭，是貴族家庭，大多數是王室；第二個家庭，孩子成長的家庭，則是貧窮或卑微的家庭，正如解析一般會追溯到的情況。只有在伊底帕斯裡面，這個差別才被抹除了。這個被王室拋棄的孩子，被另一對國王夫妻收養了。在這一則傳說裡，兩個家庭原本的同一性再度若隱若現，這很難說是偶然的事。兩個家庭的社會對比，為了旨在強調偉人的英雄天性的神話開啟了第二個功能，這個功能對於歷史人物特別重要。這個對比也可以用來為英雄創造一種敘爵文書（Adelsbrief），以提高他的社會地位。對於米底人（Meder）而言，居魯士是外來的征服者，在他被拋棄的傳說裡，他成了米底王的孫子；羅慕路斯的神話也有類似的特徵：如果說真有其人存在，那麼他應該是個籍籍無名的探險者，一個暴發戶；透過這個傳說，他變成了阿爾巴隆加（Alba Longa）王室的後代和繼承人。

摩西的情況則大異其趣。在這裡，第一個家庭不是什麼貴族世家，而是相當寒微的。他是猶太的利未家（Leviten）的孩子。而第二個家庭，英雄原生的販夫皂隸的家庭，現在被埃及王室取代了；公主對他視如己出，把她撫養長大。這個類型的偏離讓許多人大惑不解。麥耶（E. Meyer）及其後的人都認定原本的傳說不是這麼講的：法老作了一個預言的夢（注6），警告說他女兒的一個兒子會危及他以及王國。於是他在孩子出生後命人把孩子丟到尼羅河裡去。可是猶太人救起了孩子，把他當作自己的孩子養育成人。基於蘭克所說的「民族動機」（注7），傳說把這個故事改編成現在我們已知的形式。

可是接下來我們會想，這種原汁原味的摩西傳說根本不可能存在。因為這個傳說不是源自埃及就是猶太人。而前者的可能性則被排除；埃及人沒有理由要美化摩西，他不是他們的英雄。所以這個傳說應該是猶太人創造的，也就是把他們熟悉的說法附會到族長身上。然而那麼做無疑是畫蛇添足，因為猶太人為什麼要捏造一則傳說，把他們的偉人變成一個外邦人呢？

我們現在看到的摩西傳說的形式顯然沒有滿足其祕而不泄的意圖。如果說摩西不是王室後裔，那麼傳說就沒辦法為他蓋上英雄的戳記；如果他是猶太人的孩子，那麼傳說就無助於提高他的地位。整個神話只有做到一點，那就是證明孩子儘管種種外在的橫逆仍然存活下來，這個特徵也在耶穌的童年故事裡重演，而希律王則是接管了法老的角色。於是我們大可以認定，後來有個笨手笨腳的傳說修訂者，他起了個念頭，把用來歌頌英雄的古老遺棄孩子的傳說題材穿插到他的英雄摩西的故事裡，卻因為特殊的情況而和他扞格不入。

儘管我們的探究結論既不盡人意也不確定，我們還是要就此打住，不再回答摩西究竟是不是埃及人的問題了。可是我們也要承認，對於遺棄孩子的傳說或許有其他更加奏刀騞然的探究方式。

我們回到神話的兩個家庭問題。我們知道，在心理分析的解析層次上，它們是同一個東西，在神話的層次上則有高下貴賤之分。然而神話若是涉及一個歷史人物，那麼就有了第三個層次，也就是現實世界的層次。其中有個家庭是現實世界的家庭，有個偉人在那個家庭裡真正地誕生和長大；而另一個家庭則是虛構的，是神話基於其意圖而杜撰出來的。一般來說，現實世界裡的家庭都是平民百姓，杜撰的家庭則是名門世家。而摩西的情況似乎有所不同。在這裡，新的觀點或許可以解釋，拋棄孩子的那個第一個家庭，不管從哪個角度去看，都應該是虛構的，而後來收養他、撫養他長大的家庭才是真實的。如果我們大膽承認這個命題是普遍性的，並且把摩西的傳說置於其下，那麼我們就會豁然明白：摩西是個埃及人——或許是貴族出身——，只是被傳說變成了猶太人而已。這或許就是我們的結論！而拋棄到河裡的傳說也正是時勢適然，為了順應新的趨勢，它的意圖必須改弦更張，儘管有些牽強附會；它從拋棄變成了拯救的手段。

不過，摩西傳說和其他同類型的傳說大異其趣，或許可以歸因於摩西故事的一個特殊性。其他英雄都是自貧賤中崛起的，而摩西這個英雄卻是一開頭就自王室屈抑俯就，變成了以色列的子弟。在這個初探當中，我們期望依據第二個論證猜測說摩西是個埃及人。我們也看到對於第一個論證，也就是關於名字的說法，許多人對它不屑一顧。（注8）我們也要有心理準備說，這個以分析拋棄孩子的傳說為基礎的論證也會被人棄若敝屣。人們當然會持反對意見說，傳說的型塑和變形的情況太曖昧不清了，我們沒辦法像上一個論證那樣證成一個推論，而關於摩西的英雄形象的傳說也太混亂而相互矛盾，加上若干世紀以來明顯的扭曲和覆蓋痕跡，阻礙了我們釐清歷史真相核心的努力。我雖然不敢苟同，卻也無從反駁。

如果我自己都不確定了，那麼為什麼要把這個探究公諸大眾？我必須很遺憾地說，就連我的證成也僅止於暗示而已。如果有人覺得上述兩個論證很有吸引力，並且認真地假定摩西是個埃及貴族，那麼就會獲致種種相當有趣且意義深遠的觀點。憑著若干雖不中亦不遠矣的假定，我們可以理解摩西的驚世之舉的動機；同樣的，我們也會明白他為猶太人奠立的律法以及宗教的種種性格和特性的可能理由，就連一般而言的一神教（Monotheismus）的誕生，我們也因而可以得到若干重要的看法。可是這麼重要的事，我們不能僅僅憑著心理學上的機率就去證明它。如果我們認為「摩西是埃及人」是個歷史事實，那麼我們至少還要確定另一點，才不致於被人批評說那些只是憑空想像而悖離事實。關於摩西的一生以及脫離埃及的年代，我們還欠缺客觀性的證明。可是既然這個證明仍然付之闕如，我們就應該擱置關於「摩西是埃及人」的任何推論。

注釋

注1：*Jüdisches Lexikon*, begründet von Herlitz und Kirschner, Bd. IV, 1930, Jüdischer Verlag, Berlin。

注2：*The Dawn of Conscience*, London 1934, p. 350。

注3：同前揭：p. 334。

注4：儘管「摩西是埃及人」的這個猜想自古至今都沒有指名道姓地提出來過。

注5：Fünftes Heft der *Schriften zur angewandten Seelenkunde*, Fr. Deuticke, Wien。我絕對不會低估蘭克的獨立性論文對於本文的價值。

注6：約瑟弗斯（Flavius Josephus）也有此一說。

注7：見頁84注39。

注8：見：Ed. Meyer: *Die Mosessagen und die Leviten*, Berliner Sitzber, 1905：「摩西這個名字或許是示羅（Silo）祭司階級裡的非哈尼（Pinchas）……無疑是埃及人的名字。這當然不能證明說這個階級都是埃及人，但是它證明了他們和埃及有關。」（p. 651）當然我們也會問那到底是什麼樣的關係。

譯注

譯注1：指民間流行但錯誤的語源解釋，往往因為一個用語的語音相似就認定和其他古老語詞是同源詞。

譯注2：布瑞斯特（J. H. Breasted, 1865-1935），美國考古學家、埃及學家和史學家。

譯注3：埃及新王國時期諸王的名字。

譯注4：夏米索（Adelbert von Chamisso, 1781-1838），德國詩人和植物學家。

譯注5：奧地利心理分析師，和佛洛依德同事了二十年，是佛洛伊德的得力助手。

譯注6：伊西塔是阿卡德的金星女神，晨星和昏星女神，她同時有光明和黑暗面向：天神和冥府神、母神和愛神、多產神和肉欲神。她是安努（Anu）和亞拿突（Anatum）的女兒。

譯注7：據希羅多德的《歷史》說，居魯士的外祖父夢見懷孕的女兒從肚子裡長出葡萄藤，遮住整個亞洲，於是下令處死外孫。大臣命人把孩子棄於荒野，由牧羊人撫養長大。

譯注8：羅穆路斯是羅馬城的建立者和第一位國王（753-716 B.C.），和列姆斯（Remus）是孿生兄弟。阿穆留斯（Amulius）讓人把他們扔到台伯河裡，卻被沖到岸上，由

母狼餵奶，幾年後由牧羊人法斯圖路斯（Faustulus）和妻子阿卡拉倫蒂亞（Acca Larentia）發現並撫養他們。

譯注9：印度史詩《摩訶婆羅多》裡的人物，是太陽神蘇利耶（Surya）和公主坤提（Kunti）之子，由於未婚生子，母親只好把孩子放到籃子裡抛到恆河流走，被人救起來並撫養長大。

譯注10：特列弗斯是赫拉克列斯和女祭司奧格（Auge）的兒子。

譯注11：吉加美士是蘇美的烏魯克王朝（Uruk）第五代國王，《吉加美士史詩》（1900 B.C.）裡的主角。

譯注12：傳說中安菲翁和齊策斯是底比斯城的建立者。

如果摩西是個埃及人……

我在這個期刊以前的一篇論文裡（注1）試圖以另一個論證支持以下的猜想：摩西這個人，猶太人的解放者和立法者，其實不是猶太人，而是個埃及人。他的名字源自埃及文字，那是大家早就知道的事，即使沒有那麼重視它；我則是補充說，如果要證明他是埃及人，他是基於一個民族的需要才變成猶太人的，那麼就必須解析一下摩西被拋棄到河裡的傳說。我在論文結尾說，從「摩西是埃及人」可以得出許多重要而意義深遠的推論，可是我還沒有準備好公開支持這個看法，因為它僅僅奠基於若干心理學上的機率，欠缺一個客觀性的證據。這些機率越是意義重大，我們就要更加謹慎以對，以免因為欠缺確定的根據而遭致外界的批評，就像一座以陶土為基座的銅像一樣。然而機率再怎麼誘人，都沒辦法讓我們免於錯誤；即使問題的所有部分湊成了犬牙交錯的拼圖，我們還是必須考慮到，或然率不必然為真，而真理也不都是或然率的問題。而且和經院哲學家以及猶太經師為伍也沒有什麼吸引力，他們只會賣弄聰明，而不管他們的主張有多麼悖離現實。

撇開這些今昔皆然的疑慮不說，基於我的種種動機之間的衝突，我決定接續我的前一篇論文探討下去。不過，它依然不算是整體，而且不是整體最重要的部分。

一、

如果說摩西是個埃及人——，那麼這個假設的第一個收穫就是另一個難解的謎題。如果說一個民族或是部族（注2）打算成就一番大事業，那麼他們就只能翹首期盼有個同胞跳出來擔任領袖，或者是經由推選產生這個角色。可是要鼓吹一個埃及貴族——也許是個王子、祭司或高官——，率領一群客居他鄉的、文明落伍的外邦人離開他的國家，那其實是相當匪夷所思的事。大家都知道埃及人相當鄙視外邦人，所以這件事更加不可能。在我看來，正因為如此，許多歷史學家就算都知道摩西的名字源自埃及文，而且他也擁有埃及人的所有知識，也不願意相信摩西很可能是個埃及人。

而第二個難題也隨著第一個難題接踵而至，我們不要忘了，摩西不只是定居在埃及的猶太人的政治領袖，他更是他們的立法者和老師，促使他們信奉一個至今依然以他為名的新興宗教。可是一個人哪有這麼容易就創立一個宗教？如果有人想要影響另一個人的宗教，直接勸他改宗豈不是最自然的事嗎？埃及的猶太人當然也有某種形式的宗教，而如果說為他們創立一個新宗教的摩西是個埃及人，那麼我們就不免會猜想說，這個新興宗教應該是個埃及的宗教。

這個可能性會遭遇一個阻礙：在追溯到摩西的猶太教以及埃及宗教之間，有著極為強烈的對立。前者是相當固執的一神教；只有一個神，祂是獨一的、全能的、難以接近的；沒有任何人可以直視祂的面容，也不可以為祂造偶像，更不可以說出祂的名字。而在埃及的宗教裡，則有一大堆讓人眼花瞭亂的諸神，祂們有不同的職司和出身，有些神明是大自然力量的人格化，例如天空、大地、太陽和月亮，也有些是抽象概念，例如**瑪特**（Maat）（真理、正義）（譯注1），或者是假面具，像是身材短小的**貝斯**（Bes）（譯注2），不過祂們大多是地方神，當時一個國家被分割成無數的地區。祂們有動物的外型，彷彿祂們還沒有辦法走出舊時圖騰動物的演變，沒有清楚的區分，難以分辨各自主司什麼獨特的功能。用以歌頌那些神祇的讚歌千篇一律，完全不在意是否會讓我們困惑不已。諸神的名字也會拼湊在一起，使得某個神幾乎降格成另一個神的別名；於是在「新王國」的全盛時期，底比斯城的主神叫做「安夢雷」（Amon-Re），「安夢」是有著彎角公羊頭部的城市神，而「雷」則是太陽城（On）鷹首人身的太陽神。正如埃及人的日常生活一樣，在對於諸神的敬拜當中也充斥著巫術和慶典行為、咒語和護身符。

其中若干的差異或許不難歸因於一個僵化的一神論以及一個無拘無束的多神論之間的主要對立。其他的差異則顯然是知識層面的差別的結果，其中一個宗教相當接近原始階段，另一個宗教則是翱翔在高度抽象的層次上。或許正是這兩個特徵，才偶而會讓人覺得摩西的宗教和埃及的宗教之間的對比的斧鑿痕跡太深了：例如說，其中一個宗教嚴厲譴責另一個宗教裡相當盛行的巫術或魔法。或者說貪得無饜的埃及人以陶土、石頭和青銅為他們的神造偶像，我們現在的博物館都要感謝他們，因為他們違反了嚴格的誡命，以形象表現活物或想像的生物。然而這兩個宗教之間還有另一個對立，那是我們至今還沒有解釋的。古代沒有任何民族那麼煞費苦心地否認死亡，想盡辦法創造一個彼岸的存在，以及主司這個另一個世界的死神奧賽利斯（Osiris），他是埃及諸神當中最受歡迎也最沒有爭議的。相對的，古代猶太宗教則是完全否認不死性；他們完全不提死後的生命延續。更奇怪的是，後來的經驗證明，對於死後生命的信仰其實可以和一神教並行不悖。

以前我們會希望「摩西是個埃及人」這個假設可以在許多不同的面向證明是有所收穫和啟迪的。可是從這個假設的第一個推論，也就是說，他為猶太人創立的宗教是個埃及的宗教，卻在這兩個宗教之間的歧異性和對立性上觸礁。

二、

在埃及的宗教史裡，有個奇怪的現象，直到最近才有人注意且重視它，為我們開啟了另一個視野。摩西為他的猶太族人創立的宗教仍有可能是他自己原本信仰的宗教，一個埃及的宗教，即使不是唯一的埃及宗教。

在輝煌的第十八王朝，埃及第一次成為世界帝國，大約在西元前一三七五年，一個年輕的法老登基，他起初和父親一樣，也叫作安夢和泰普（Amenhotep IV），後來卻改名，而且改變的還不只是他的名字而已。這位國王為他的埃及百姓強加一個和他們的千年傳統以及習慣的生活方式扞格不入的新興宗教。那是個嚴格的一神教，就我們所知，那是世界史裡第一次這類的實驗，由於信仰一個獨一的神，不可避免地產生宗教的不寬容，這在之前以及很久以後的古代世界裡是相當陌生的事。可是安夢和泰普只在位了十七年；他死於西元前一三五八年，這個新興宗教也隨即煙消雲散，政府也禁止紀念這個信仰異教的國王。（譯注3）我們對於他的僅有認識，是來自他為了他的神而建造的新城遺跡，以及許多石棺上的銘文。我們越是認識這個特立獨行的人物，就越加興味盎然。（注3）

任何新興的事物在出現之前，都有其種種的準備階段和先決條件。我們多少可以確定埃及的一神教其實源遠流長（注4）。在太陽城的太陽神殿的祭司團裡，很久以來就有種種趨勢，駸駸然要形成一個萬物主宰的神的觀念，並且強調其倫理面向。主司真理、秩序和正義的女神瑪特，是太陽神雷的女兒。早在安夢和泰普三世（他是那位宗教改革者的父親和前任法老）在位時，就已經盛行太陽神敬拜，或許是要和越來越強大的**底比斯的安夢**打對台。太陽神的舊名「阿頓」（Aton, Atum）再度被人們口耳相傳，年輕的國王覺得可以加入這個**阿頓宗教**的潮流，而不必自己另闢蹊徑。

當時埃及的政治情勢也開始為這個埃及宗教推波助瀾。偉大的征服者圖特穆斯三世（Thotmes III）四處攻城掠地，使得埃及成為世界強權，南邊的努比亞，北邊的巴勒斯坦、敘利亞以及一部分的美索不達米亞平原，都被納入國家版圖。（譯注4）而現在這個帝國主義也反映在宗教上的普世主義以及一神教上面。由於現在法老除了埃及以外，也要照顧到努比亞以及敘利亞，神明因而也必須拋棄其民族限制，正如法老是埃及人所知的世界裡唯一且擁有無限權力的君王，埃及人的神當然也要依樣畫葫蘆。隨著不斷地開疆闢土，埃及當然也會吸收外國的文化；有些王后是亞洲的公主（注5），她們有可能直接推動傳入敘利亞的一神教。

安夢和泰普從來沒有否認他和太陽城的太陽神敬拜的關係。在保存在岩壁上、而且可能是他所寫的獻給阿頓的第二首讚歌銘文裡（譯注5），他歌頌說太陽是造物主，以其熾熱滋養埃及境內境外的所有生命，而這個熾熱也重現在若干世紀之後《詩篇》對於猶太人的神**雅威**的歌頌裡（譯注6）。然而他並不滿足於關於日照作用的科學創見。他無疑是往前邁進了一大步，因為他並不是把太陽視為物質性的對象而歌頌它，而是把它當作一個以其光芒賜予能量的神的象徵。（注6）

可是如果我們把國王視為既有的阿頓宗教的信徒和宣教者，那對他並不公平。他的作為更加摧鋒陷陣，引進獨一性的元素，使得萬物主宰的教義變成了一神論。在他的一首讚歌裡，他直接主張說：「啊，你是獨一無二的神，沒有任何其他神可以和你相比。」（注7）而且我們不要忘了，若要評斷這個新教義，光是認識它的正面內容是不夠的，它的負面內容幾乎一樣重要，也就是要知道它在譴責什麼東西。如果我們以為這個新的宗教是橫空出世而粲然大備的，就像從宙斯的頭部誕生出雅典娜一樣，那麼我們就大錯特錯了。相反的，一切跡象都說明了，它在安夢和泰普執政期間漸漸壯大，更加明確、穩定、僵硬而不寬容。這個宗教的演變或許遭遇到強大的阻力，安夢的祭司反對國王的改革。在安夢和泰普執政的第六年，敵對的情勢越演越烈，使得國王索性改了名字，因為他的名字包含了現在被禁止敬拜的「安夢」。現在他不叫作「安夢和泰普」，而是「易肯阿頓」。（注8）可是他不只要把名字裡的這個被他憎惡的神拔除，更不准它出現在所有銘文甚至是父親的名字裡。易肯阿頓改了名字不久之後就離開盛行安夢信仰的底比斯，在尼羅河下游建立新王城，他把它叫作「阿赫塔頓」（Akhetaton）（阿頓的地平線）。現在它的遺址叫作「阿瑪那」（Tell-el-Amarna）。（注9）

國王主要的迫害對象是安夢，但不只是祂而已。全國各地的神廟都被拆除，禁止祭祀，廟產也被充公。是的，國王甚至野心勃勃地下令調查所有的碑文，只要語詞裡的「神」是複數用法的，都要被刪除。（注10）這些諭令難怪會遭到被壓迫的祭司以及憤憤不平的百姓在國王死後的瘋狂報復。阿頓宗教不再流行，有可能僅僅殘存於他個人的小圈子。易肯阿頓的下場如何，我們一直不得而知。我們聽說他的家族裡若干早夭而鮮為人知的子孫的事蹟。他的女婿**圖坦阿頓**（Tutankhaton）被迫回到底比斯，把他的名字裡的神「阿頓」改成「安夢」。（譯注7）接下來則是一個無政府的時代，直到他們的名將**霍倫哈布**（Haremhab）於西元前一三五〇年平定亂事才恢復秩序。輝煌的第十八王朝就此煙消雲散，他們同時也失去了原本佔領的努比亞以及亞洲地區。在這個兵荒馬亂的轉型期，舊時的埃及宗教死灰復燃。阿頓宗教被廢除，**易肯阿頓**的王城被摧毀並且洗劫一空。對於他的任何紀念都被認為是在紀念一個罪犯。

我們現在不妨提一下阿頓宗教的若干負面特徵。首先是它排除了所有祕教的、巫術的和魔法的東西。(注11)

接著太陽神就有了一個表現方式：祂不再是以前的小型金字塔或者老鷹的形象，而是——幾乎很理性的——圓盤形狀，它會散發光芒，一直到人的手裡才熄滅。儘管阿瑪那時期的藝術相當興盛，我們卻看不到太陽神的其他表現形式，**阿頓**的人身造型，而我們可以確定以後也找不到。(注12)

到頭來，人們不再談論死神**奧賽利斯**以及冥府。不管是讚歌或是墳墓上的銘文，或許都沒辦法探觸到埃及人的心靈深處。它和民間宗教的對立再明顯不過了。(注13)

三、

現在我們要大膽地提出結論：如果說摩西是個埃及人，如果他對猶太人宣揚他自己的宗教，那麼那個宗教應該就是**易肯阿頓**的宗教，也就是「阿頓」宗教。

剛才我們把猶太人的宗教和埃及民間宗教作比較，注意到兩者之間的對立。現在我們要比較一下猶太教和**阿頓**宗教，應該可以看到它們在源頭上的同一性。我們知道那不是個簡單的任務。由於安夢祭司的反撲，我們或許對於**阿頓**宗教知道得太少了。至於摩西的宗教，我們知道的也只是在脫離埃及八百年後由猶太祭司確定下來的最終形式。如果說，儘管史不足徵，我們還是看到了若干跡象以佐證我們的假設，那麼我們或許就應該對它們另眼相看。

若要證明摩西的宗教就是**阿頓**宗教，那會有一條捷徑，也就是透過一個宣信，一則文告。可是我擔心人家會說這條路行不通。大家都知道，猶太教的禱文說：「以色列啊！你要聽，耶和華我們的神是獨一的主。」（Schema Jisroel Adonai Elohenu Adonai Echod.）（譯注8）如果說埃及文的「阿頓」（Aton, Atum）和希伯來文的「我的主」（Adonai）以及敘利亞文的神的名字「阿多尼斯」（Adonis）的相似性並非巧合，而是源自上古時期的語言和意義的共同體，那麼我們就可以把猶太教的禱文翻譯成：「以色列啊！你要聽。我們的神阿頓（阿多尼斯）是獨一的主。」可惜我沒有資格回答這個問題，在相關文獻裡也找不到多少證據（注14），可是或許我們也不該輕忽它。其次，我們在下文也有必要回到神的名字的問題。

這兩個宗教之間的相似和差異，我們不用多作解釋就看得出來。兩者都是嚴格的一神論的形式，一談到它們的一致性，我們不假思索地就會追溯到這個基本特徵。猶太人的一神論在許多方面比埃及人更加強硬，例如說，它完全禁止為神造偶像。最根本的差別——撇開神的名字不談——則是在於，猶太人的宗教完全脫離了太陽神敬拜，而埃及的宗教則是仍然依附著它。和埃及的民間宗教相比之下，我們會覺得除了原則性的對立以外，兩者之間的差異還有刻意相互矛盾的成分。我們在比較的時候，只要把猶太人的宗教置換成**易肯阿頓**為了刻意和民間宗教互別苗頭而開展出來的**阿頓**宗教，似乎就可以證成我們的這個印象。我們有理由驚訝於猶太人的宗教居然絕口不提死後世界，因為再怎麼嚴格的一神論，這樣的教義都應該可以和它相容才對。可是如果我們從猶太人的宗教回推到**阿頓**宗教，並且假設這個特徵是沿襲自**阿頓**宗教，就不會感到訝異了，因為**易肯阿頓**認為，在和民間宗教（在其中，死神奧賽里斯的地位或許高於天界的神）拮抗時，那是一個必要的手段。猶太人的宗教和**阿頓**宗教在這個方面的一致性，是足以支持我們的論題的第一個有力論證。而我們也會知道它並不是唯一的論證。

摩西不只是對猶太人宣揚一個新的宗教；我們可以同樣確定地主張說，他也為他們引進了割禮。這個事實對於我們的問題而言有個決定性的意義，卻一直無人聞問。當然，聖經經文有多處和它牴觸。一方面，聖經說割禮源自先祖時期，是作為神和亞伯拉罕立約的記號（譯注9），另一方面，在若干曖昧不清的段落裡，它又說神對摩西起忿怒，因為他輕忽了這個神聖的習俗，神為此要殺了摩西，摩西的妻子是米甸人（Midianiterin），她趕緊為兒子行了割禮，才救了她的丈夫。（譯注10）然而這段是扭曲的經文，我們不要被它誤導了；我們會在下文說明它的動機。關於割禮起源的問題一直都只有一個答案：它源自埃及。歷史之父（pater historae）**希羅多德**（Herodot）告訴我們說，埃及的割禮由來已久（譯注11），而木乃伊的出土，陵墓牆壁上的繪畫，也都證實了他的說法。就我們所知，並沒有任何其他地中海東岸的民族是行割禮的；閃族、巴比倫人、蘇美人，我們可以確定他們沒有行割禮。關於迦南地的居民，聖經在這方面著墨甚多；那是王子示劍（Shechem）和雅各的女兒的情事（譯注12）的前提（注15）。如果要說，住在埃及的猶太人的割禮習俗可能和摩西創立的宗教無關，我們應該會認為是站不住腳的說法。既然我們確定了割禮是在埃及相當流行的民間習俗，也暫時接受摩西是個猶太人的一般假設，認為他意欲拯救族人脫離埃及的奴役，率領他們出走，建立一個獨立而有自尊的民族——而他也真的做到了——，那麼他為什麼硬要他們接受一個討人厭的習俗，它應該會或多或少使他們變成埃及人，一再讓他們想起埃及，而自己則是反其道而行，要他的族人脫離奴役他們的國家，不再貪圖埃及人的「肉鍋」（譯注13）？非也，我們所依據的事實和我們加上去的假設完全扞格不入，這使得我們大膽地推論說：如果說，摩西不僅僅是對猶太人宣揚一個新的宗教，更引進了割禮的誡命，那個他就不是個猶太人，而是埃及人，而這個一神教也的確是個埃及的宗教，也就是**阿頓**宗教，它和民間宗教大唱反調，而在若干重要的方面和猶太人的宗教一致。

我們早先提到，摩西不是猶太人的這個假設創造出一個新的謎題。在猶太人眼裡想當然耳的行為模式，埃及人卻會覺得莫名所以。可是如果我們把摩西置換到**易肯阿頓**的時代，把他和這個法老扯上關係，那麼這個謎題就迎刃而解了，而它也會揭露一個足以回答我們所有問題的可能動機。我們姑且假設說摩西是個位高權重的貴族，或許真的是王室的成員，就像傳說中說的。他恃才傲物，野心勃勃而且劍及履及；也許胸中有澄清天下之志，意圖有朝一日可以統治整個王國。他深得法老的寵愛，也是這個新宗教的忠實信徒，對於其基本教義深信不疑。由於法王的死亡以及反動勢力的崛起，他的所有希望和願景也跟著幻滅；如果他不想宣誓放棄他的忠實信仰，埃及就沒有他的容身之處，於是他失去了他的祖國。在悽悽惶惶當中，他找到了一條柳暗花明的出路。**易肯阿頓**的夢想使他的人民遺棄了他，也使他的世界帝國灰飛煙滅。氣壯山河的摩西心裡有個計畫，他要建立一個新王國，建立一個新民族，並且對他們宣揚被埃及厭棄的宗教。我們都知道，那是個轟轟烈烈的事業，他要對抗命運，在兩個方面尋求補償**易肯阿頓**的災難為他造成的損失。當時的他可能是位於邊境的歌珊地（Gosen, Goshen）的總督，當時（**西克索王朝**？）那裡定居著若干閃族部落。他選擇在那裡建立他的新民族。那是個改變歷史的決定！（注16）

他和他們達成協議，成為他們的領袖，以「大能的手」（譯注14）率領他們出走。相對於聖經的傳說，我們可以假設這次的出走其實是和平收場，而且沒有追兵。那是因為摩西位高權重，而且當時的中央政權也沒有辦法阻攔他。

根據我們的假說，脫離埃及應該是在西元前一三五八年到一三五〇年間的事，也就是在**易肯阿頓**過世和**霍倫哈布**（Horemhab）收復王權之間（注17）。流浪的終點只會是**迦南地**（Kanaan）。在埃及的統治瓦解之後，好戰的亞拉美人（Aramäer）成群入侵該地，到處燒殺擄掠，說明了任何強大的部落都可以在那裡佔地為王。我們可以在一八八七年**阿瑪那**城遺址出土的文書裡（譯注15）認識到這些戰士。他們在那裡叫作「哈比魯人」（Habiru）（譯注16），而不知怎的，這個名字被用來稱呼入侵的猶太人，也就是希伯來人（Hebräer），由於他們是後來才佔領該地區的，在阿瑪那文書裡指稱的應該不是他們。棲居在巴勒斯坦南部——也就是迦南地——的部落，在親緣關係上和現在要脫離埃及的猶太人最接近。

我們臆測的整個出走動機也和割禮的引進一致。對於這個只知其然而不知其所以然的古老習俗，我們知道人們——不管是民族或個人——的反應為何。沒有這個習俗的人們會覺得它既荒誕又有點可怕，而接受割禮的人則會引以為傲。他們覺得自己鶴立雞群，就像被敘爵一樣，而鄙視其他人，認為別人是不潔淨的。直到今天，土耳其人還會罵基督徒是「沒有割包皮的狗」。一般相信身為埃及人而接受割禮的摩西也是這種心態。和他一起離開祖國的猶太人，應該是比被他拋棄的埃及人更優秀的替代者。他們無論如何都不可以不如埃及人。他要把他們打造成「聖潔的國民」（譯注17），就像聖經裡一再強調的，並且引進這個至少讓他們和埃及人平起平坐的習俗，以作為和神立約的證據。而且如果他們憑著這個證據而可以走自己的路，那就不必和在流浪當中遇到的其他民族魚龍混雜，就像埃及人認為自己有別於所有外邦人一樣。（注18）

可是後來猶太人的傳統似乎對於我們剛才的推論感到很委屈。如果他們承認說割禮是摩西引進的埃及習俗，那麼就差不多是承認摩西對他們宣揚的宗教也是埃及的宗教了。可是他們有足夠的理由否認這個事實，因而也會反對關於割禮的真相了。

四、

在這點上，我猜想人們會駁斥我的說法，也就是把摩西放到易肯阿頓的年代，他決定照顧猶太人，脫離當時國家的政治現狀，而他對其人民宣揚或強加的宗教，正是在埃及被禁止的**阿頓**宗教，他們會說我是憑空臆測的，沒有太多確定的史料可以佐證。我認為這個駁斥並不成立。我已經在導論裡強調過這個質疑的環節，就像是把它放在括弧前面，免得每一次都要把它放到括弧裡說明。

我的若干批判性說法或許要再闡述一下。我們的論旨，也就是說，猶太人的一神教是寄生於埃及歷史裡的一神論時期，其實有許多作者都隱約知道而且影射過。我就不再重複這個論調，因為他們沒有人說得上來這個影響是怎麼產生的。即便我們認為和摩西這個人有關，還是必須思考其他不同於我們偏好的可能性。我們不應該認定說埃及的一神論潮流隨著王室的阿頓宗教的沒落而就此告終。在**太陽城**的祭司團是這個潮流的源頭活水，他們撐過了這場浩劫，對**易肯阿頓**之後的若干世代展現其思想的魅力。這麼說來，摩西的舉止也就可想而知，就算他不是**易肯阿頓**那個時代的人，也沒有親炙他的思想，而只是**太陽城**的祭司團的信徒或成員而已。這個可能性或許會推遲出走埃及的時間點，來到了一般認定的年代（西元前十三世紀）；可是除此之外，我們也沒辦法依據這個可能性推測出其他的年代了。我們會因而必須拋棄關於摩西的動機的看法，而不再認為埃及的無政府狀態是出走埃及的導火線。在易肯阿頓之後的第十九王朝諸王以鐵腕治國。只有在這個異教徒法老剛剛去世的時候，在內、外在條件方面才有利於出走埃及。

猶太人的經外文獻汗牛充棟，我們可以看到，在若干世紀裡，和他們的第一個領袖以及宗教建立者交織在一起的傳說和神話如何歌頌他或是掩蓋關於他的真相。

若干不存在於摩西五經的可信傳說散見各處。這類的傳說以類似的方式描寫摩西如何在孩提時後就展現他的雄心壯志。有一次，法王抱著他戲耍，把他舉高，這個三歲孩子居然摘下了他頭上的王冠，戴在自己的頭上。這個預兆讓法老心下一凜，於是詢問他的卜者。（注19）又有一次則是提到身為埃及將領的他如何在衣索匹亞連戰皆捷，接著又說他之所以要逃出埃及，是因為他擔心王室的派系對他心生忌憚或者是功高震主。聖經的故事裡也提到了摩西的若干性格，因而提高了可信度。聖經說他是個暴躁易怒、鹵莽滅裂的人，提到他看到凶殘的督工虐待猶太工人，義憤填膺地打死了那個工頭（譯注18），因為族人的墮落，憤而摔碎了在神的山上獲得的法版（譯注19），而神到頭來則是因為他的一個鹵莽舉動而懲罰他，卻沒有說到底是什麼事。（譯注20）既然這類性格的描寫不會是要歌頌他，那麼它或許符合歷史的真實性。我們也不能排除一個可能性，也就是說，早期猶太人對於他們的神的想像裡的若干性格特徵，也就是愛吃醋的、強硬的、無情的神，基本上是擷取自對於摩西的記憶，因為把他們領出埃及的，不是看不見的神，而是摩西這個人。

他的另一個性格讓我們特別感興趣。摩西據說是個「笨口笨舌的人」（譯注21），也就是有言語障礙（Sprachhemmung）或者是口吃，因而在和法老所謂的談判裡需要他的哥哥亞倫（Aaron）幫忙。這或許也有其歷史真實性，也讓這個偉人的形象更加鮮明。可是它還有另一個更重要的意義。這則記載或許是以有一點歪曲事實的方式提醒我們說，摩西是個說另一種語言的人，如果沒有人幫忙翻譯，他就沒辦法和埃及的閃族新住民溝通，至少是在他們最初的關係當中。於是就「摩西是個埃及人」這個論題而言，我們又多了一個證據。現在我們的工作看起來要暫時告一段落了。我們假設說摩西是埃及人，不管這個假設是否得到證明，我們目前並沒辦法據此推論出什麼主張。聖經裡關於摩西以及出走埃及的記載，歷史學家只能把它當作宗教文學，那是為了迎合自身的意圖而改寫的久遠傳說。我們不知道原本的傳說是怎麼說的；而我們也都想要猜測到底扭曲了哪些部分，可是由於對於歷史事件的認識不足，而只是在瞎子摸象。我們的重構排除了聖經故事裡若干讓人嘆為觀止的說法，十種災害、橫渡蘆葦海、在西乃山上傳十誡，而不會因為這個矛盾而動搖。可是如果我們的說法牴觸了現代歷史研究的成果，我們就不可以置若罔聞。

以麥耶（Eduard Meyer）（注20）為代表的當代歷史學家們，在一個關鍵的問題上都贊同聖經的記載。他們也都認為，後來變成以色列民族的猶太人部落，在某個時間點上信仰一個新興宗教。可是這個事件不是在埃及發生的，也不是在西乃半島的某個山腳下，而是在一個叫作「加低斯的米利巴」（Meribat-Qadeš）的地方（譯注22），一處以湧泉著稱的綠洲，位於巴勒斯坦南部的狹長地區，介於西乃半島東部和阿拉伯西部之間。他們在那裡沿襲了對於一個叫作「雅威」（Jahve）的神的敬拜，有可能是源自鄰近的**米甸人**（Midianiter）。其他鄰族或許也是這個神的信徒。雅威當然是個火山神。可是我們知道埃及並沒有火山，西乃半島的山也都不是火山；相反的，阿拉伯西部一直到最近都有火山活動。西乃山（Sinai-Horeb）應該是這類的山之一，他們認為那是雅威的居所。（注21）儘管聖經的記載幾經改寫，我們還是可以依據麥耶的看法重構這位神的原本性格特徵：祂是個可怕的、嗜血的、晝伏夜出的惡魔。（注22）

而這個新興宗教在誕生之初的人神之間的中保就叫作摩西。他是米甸祭司葉忒羅（Jethro）的女婿，他就是在為老丈人放羊時蒙神呼召的。（譯注23）摩西在加低斯的時候，葉特羅也來找他並且為他獻策。（譯注24）

麥耶固然說他從來沒有懷疑猶太人居住在埃及以及埃及人的種種災難的故事有其歷史核心地位（注23），可是他顯然不知道該把這個被他承認的事實擺在哪裡以及如何利用它。他只接受割禮是沿襲自埃及的說法。對於我們剛才的論證，他提出了兩個重要的佐證。**約書亞**要求他的人民行割禮，以「除掉在埃及作奴隸的恥辱」（譯注25）。接著他又引用**希羅多德**的記載說，腓尼基人（可能是指猶太人）和巴勒斯坦的敘利亞人自己都承認他們從埃及人那裡學到割禮的習俗。（注24）可是他對於「摩西是埃及人」的說法卻相當不以為然。「我們認識的摩西是加低斯的祭司們的先祖；因此，他只是系譜神話裡和儀式有關的一個形象，而不是個歷史人物。把他當作歷史人物的人（除非認為整個傳說都是真實的歷史），沒辦法為他填充任何內容，或是把他描寫成一個具體的個人，更說不上來他有什麼成就，他的歷史使命是什麼。」（注25）

相對的，他不厭其煩地強調摩西和**加低斯**以及**米甸**的關係。「摩西這個形象和米甸以及曠野裡的聖所關係緊密。」（注26）「摩西的這個形象和加低斯（瑪撒〔Massa〕和米利巴〔Meriba〕）密不可分，他和米甸祭司的姻親關係則是補充說明了這點。相對的，他和出走埃及的關係以及整個童年的故事則是次要的，只是要把摩西嵌入一個首尾呼應的故事裡而已。」（注27）他也指出，摩西童年故事的動機後來整個被拋棄了。「米甸的摩西不再是個埃及人，也不是法老的孫子，而是個看到雅威顯現在他面前的牧羊人。在十種災難的故事裡，他以前的關係再也不被提及，儘管那些關係還是很有用，此外，以色列的頭生子都要被殺死的命令也完全被遺忘了。在出走埃及以及埃及人被滅的故事裡，摩西根本沒有扮演任何角色，他完全沒有被提及。童年故事裡預設的英雄性格，在後來的摩西身上完全看不見；他只是個神人，憑著**雅威**賦予的超自然能力行神蹟的人……。」（注28）

我們難免會有個印象，覺得這個在加低斯和米甸的摩西，傳說中他造了一條銅蛇掛在杆子上（譯注26），儼然是個醫神，相較於在我們的推論裡的那個對族人宣揚一個極為鄙視魔法和巫術的宗教、威風凜凜的埃及人摩西，簡直是判若兩人。我們的埃及人摩西和米甸人摩西之間的差別，或許不下於覆載萬物的神**阿頓**和盤踞在其聖山上的凶神**雅威**之間的差別。如果現代的歷史學家的研究有點可信度的話，我們就必須承認，我們從「摩西是埃及人」的推測抽絲剝繭得出的線索再度中斷。而這次似乎沒辦法接回來了。

五、

然而我們也不期然地看到了解決之道。在麥耶之後，許多人（例如格雷斯曼〔Gressmann〕和其他人）都努力在摩西身上找尋**加低斯**祭司以外的形象，證實他真的有如傳說中的那麼偉大。一九二二年，瑟林（Ed. Sellin）有個對於我們的問題影響重大的發現。（注29）他在先知何西阿（Hosea）（西元前八世紀下半葉）那裡找到一則傳說的明確跡象，內容是說宗教創立者摩西在冥頑不靈而不可救藥的族人的反叛當中慘遭殺害。他所宣揚的宗教也被拋棄。可是提到這則傳說的不只有何西阿，它在其後大多數的先知的作品裡反覆出現，瑟林認為它是後來對彌賽亞的所有期待的基礎。到了巴比倫囚虜末期，猶太人民盼望那個被他們以卑鄙手段殺害的人有一天復活並且率領悔罪的族人（也許不只是他的人民）到永福的國度。不過我們不想在這裡討論它和後來另一個宗教創立者的命運的明顯關係。

當然，我也沒有資格評判瑟林對於先知們相關段落的詮釋是否正確。然而如果他是對的，那麼他看到的那則傳說就有其歷史可信度，因為人們不會隨隨便便杜撰這類的東西。而我們也想不出來任何杜撰的動機；但是若真有其事，可想而知的，人們也會想要忘記它。我們不一定要接受傳說的所有細節。瑟林認為，約旦河東岸地區的什亭（Schittim）（譯注27）被指稱為他們對摩西犯下罪行的地方。我們在下文會明白，這個地點的選擇並不符合我們的論證。

我們姑且採用瑟林的假設，也就是猶太人殺害埃及人摩西，並且拋棄了由他引進的宗教。依據這個假設，我們可以順藤摸瓜，編織我們的線索，而不至於牴觸歷史研究的可信結論。可是在其他方面，我們要大膽地和那些作者們分道揚鑣，獨立「走自己的路」。出走埃及一直是我們的起點。當時和摩西一起離開埃及的人應該為數眾多；其中有一小撮人對於這位胸懷大志的人來說或許是白費力氣。這些移民在埃及已經住了很久，人口相當可觀。但是如果我們依據大多數作者的說法而假設說，在後來形成的猶太民族裡，只有一小部分的人是出走埃及的，應該沒有搞錯。換言之，自埃及歸回的支派後來在埃及和迦南地之間的地區和在那裡定居比較久的其他親族團聚在一起。由於這個團聚而形成了以色列民族，而這個團聚也表現為接受一個所有支派共同信仰的新興宗教，也就是雅威的宗教，**麥耶**認為那是在**加低斯**的事件，而且米甸人也有推波助瀾的作用。他們覺得自己相當強大了，足以入侵**迦南地**。摩西及其宗教在約旦東部遭遇的災難和這個歷程顯得格格不入，——那場災難應該是早在族人團聚以前的事。

當然，猶太民族的建立有種種不同的因素，然而它們之間最大的差別應該是在於是否曾經在埃及定居並且出走。我們據此可以說，猶太民族是由兩個部分組成的，而他們沒多久就分裂成兩個政治實體，**以色列國**和**猶大國**，正好也呼應了這個事實。歷史喜歡這樣分分合合的重構，後來的融合會倒退，而以前的分裂則會再度出現。宗教改革是最讓人印象深刻的例子，在相隔一千多年之後，它再度在以前屬於羅馬的日耳曼人以及一直獨立的日耳曼人之間劃下楚河漢界。我們沒辦法證實說猶太民族的事件也是這個古老事實的忠實複製；我們關於這個時期的知識太不確定了，沒辦法據此主張說北國是原來的居民，而南國則是自埃及歸回的人民；然而我們也不能說後來的分裂和早先的團聚完全無關。自埃及歸回的人或許沒有其他支派那麼人數眾多，可是他們的文明程度顯然高了一截；他們對於民族的後續發展的影響更加重大，因為他們引進了一個其他支派所沒有的傳統。

他們或許也引進了另一個比傳統更加看得見摸得著的東西。**利未人**（Levite）的出身是史前時期的猶太民族最大的謎團。他們是源自**以色列**十二支派之一，也就是**利未**支派，但是沒有任何傳說指出這個支派原本居住在哪裡，或者佔領**迦南地**的哪個區域。他們蒙神揀選，擔任最重要的祭司職分（譯注28），可是他們又和祭司有所不同，利未人不一定是祭司；它不是一個階級的名字。我們關於摩西這個人的預設讓我們想到了一個解釋。像埃及人摩西這樣一個大人物，我們很難相信他獨自一人加入這群陌生的人民。他應該有隨從、信徒、文士、僕役跟著他。這些人就是利未人的前身。傳說宣稱摩西是個利未人，顯然是扭曲了事實：利未人應該是摩西的隨從才對。我在上一篇論文裡提到的事實可以支持這個答案，那就是只有在利未人那裡才出現埃及人的名字。（注30）我們可以假設說，有許多摩西的人民在他及其宗教蒙受的那場災難當中倖存下來。他們歷經世代的繁衍，和其他支派混雜在一起，卻一直忠於他們的主人，保存對他的懷念，守護他的教義傳統。在和雅威的信徒團聚的那個年代裡，他們構成了有影響力的、文明更優越的少數族群。

我姑且假設說，在**加低斯**，從摩西遇害到一個宗教的創立，其實歷經了兩個世代，或許是一整個世紀。我沒辦法判定，這些埃及新住民（為了區別起見，我暫且這麼稱呼他們），也就是歸回者，他們是在接受了雅威宗教之後或者是在那之前和他們的親族團聚的。我們認為比較可能是在那之前。不過對於最終的結局而言，那並沒有什麼差別。在**加低斯**發生的事件是個妥協，而摩西的部落顯然也同意。

走筆至此，我們可以再次引用割禮這個證據，它是我們會反覆使用的、最重要的「標準化石」（Leitfossil）。（譯注29）這個習俗也成了雅威宗教裡的誡命，而由於它和埃及的關係密不可分，接受這個習俗只能說是對於摩西的部落的讓步，他們——或者是他們當中的利未人——認為那是他們祝聖的記號而不願意放棄它。他們想要儘可能地保存他們原來的宗教，為此他們願意接受新的神以及米甸的祭司關於祂的說法。他們有可能還做了另一個讓步。如前所述，在猶太人的禮儀裡，他們會盡量不要直呼神的名字。他們不會說「雅威」，而會說「我的主」（Adonai）。當然，這個誡命和我們的論證一致，然而那也只是個臆測而已。我們都知道禁止直呼神的名字其實是遠古的禁忌（Taboo）。猶太人在立約時為什麼要舊調重彈，我們並不清楚；這其中不排除有新動機的因素。我們不會認為他們真的一直遵守這個誡命；他們會以神的名字來為人命名，也就是在名字的組成裡穿插了「雅威」這位神的名字（Jochanan, Jehu, Josua）。可是這些名字都有個特別的情況。我們都知道，聖經的考證研究認為「六經」（Hexateuch）（譯注30）有兩個底本，分別以「J」和「E」表示，因為神的名字分別叫作「雅威」（Jahve）和「厄羅亨」（Elohim，埃洛希姆）。沒錯，是「厄羅亨」而不是「我的主」，可是我們不妨想想一個作者的話：「名字的不同顯然意味著祂們原本是不同的神。」（注31）

我們認為，割禮的保留足以證明說，他們在**加低斯**創立宗教時做了一個讓步。我們在「J」和「E」口徑一致的記載裡看到了讓步了什麼，它們都要追溯到一個共同的出處（文獻或者是口頭傳說）。其主要目的是要證明新的神**雅威**的偉大和力量。由於摩西族人相當重視他們出走埃及的經歷，那麼拯救他們的也應該是**雅威**，於是他們為這個事件加油添醋，以表現這個火山神讓人聞風喪膽的至聖至大，例如說，到了夜裡會變成火柱的雲柱（譯注31），或者是把海底變成了乾地，又讓海水復原，淹沒了追兵。於是出走埃及和建立新宗教這兩個事件被湊在一起，而無視於兩者在時間上間隔了多久；他們又說神不是在**加低斯**和摩西立約，而是在神的山腳下，以火山冒煙作為記號。（譯注32）然而這個說法對於他們記憶中的摩西非常不公平；拯救族人脫離埃及的不是那個火山神而是他。他們欠他一個補償，於是他們把他擺到**加低斯**或者是**西乃山**，取代了米甸祭司的地位。我們在下文還會討論這個說法也可以解釋另一個迫在眉睫的趨勢。如此一來，他們完成了調解；他們把原本住在米甸某一座山上的**雅威**的轄區延伸到埃及，並且把摩西的生平和事蹟延伸到**加低斯**以及約旦河東部地區。於是，那個叫摩西的人，既是後來建立一個宗教的那個人，也是米甸人**葉忒羅**的女婿。然而我們卻看不到關於這個另一個摩西的任何個人敘述，相對於那個埃及人摩西，他是個沒沒無聞的人——，除非我們在聖經的記載裡找到關於摩西的性格描述的矛盾。我們屢屢看到他被形容成一個專斷、易怒而乖戾的人，可是他也會被說成世界上最軟心腸而且寬容的人。這個性格顯然不適用於那個打算和他的族人一起衝破艱難橫逆的埃及人摩西；也許更接近另一個米甸人摩西。我相信把他們當作兩個人是合理的做法，也就是假設埃及人摩西從來沒有待過**加低斯**，也沒有聽說過**雅威**的名字，而米甸人摩西則從來沒有到過埃及，也對於阿頓一無所知。為了把這兩個人焊接在一起，傳說或神話就必須把埃及人摩西放在米甸，而我們也看到關於這點流傳著許多說法。

六、

我知道現在又有人會指摘我說，我只是穿鑿附會，沒有合理的確定性，就打算重構以色列民族的太古史。（譯注33）我覺得這個批評不算太嚴厲，因為它早就在我的意料之中。我知道這個重構有它的弱點，但是也有它的強項。整個來說，我覺得這是個值得追根究柢的方向。聖經的記載裡有許多珍貴的、應該說是無價的歷史證據，卻因為許多強烈的意圖而遭到扭曲，並且以詩情畫意的虛構產物美化它。在我們至今的探討裡，我們也猜測到其中一個想要扭曲它的意圖。我們接下來會就這個發現循線追索。我們有了看穿他們的扭曲的依據，就可以揭露更多事件的真相。我們先來談一談聖經的考證研究，看看它怎麼解釋「六經」（《摩西五經》以及我們感興趣的《約書亞記》）的扭曲歷史。（注32）「J」是最古老的底本，也就是**雅威典**（Jahvist），現代研究認為作者是和大衛王同時代的一位司祭，叫作**亞比亞他**（Ebjatar）。（注33）不知多久之後，又出現了所謂的**厄羅亨典**（Elohist）（神典），它是屬於北國的。（注34）在北國於西元前七二二年滅亡之後，有個猶太司祭把「J」和「E」的底本湊在一起，又加上他自己的說法。他的合輯就叫作「雅厄典」（JE）。到了西元前七世紀，又加上了第五經《申命記》，據說最近在聖殿找到了完整的抄本。至於叫作「司祭本」（Priesterkodex，司祭法典）的修訂版，則是在聖殿於西元前五八六年被毀了以後（譯注34），也就是在囚虜期間以及歸回之後；到了西元前五世紀，五經就完成了定本，自此之後就沒有重大的變動。（注35）

大衛王及其時代的歷史很可能是出自同時代的人的手筆。那是真實的歷史記載，比「歷史之父」希羅多德還早了五百年。如果考慮到埃及的影響力的這個假設，我們應該會更明白這個成就的意義。（注36）我們會猜想說，那個太古時代的以色列人，也就是摩西的文士，和最早的字母發明不無關係。（注37）關於古代的敘事是以早期的文獻或是口頭傳說為基礎，個別事件和文字記錄之間究竟間隔了多久，我們當然不得而知。然而我們現在看到的經文已經足以說明它自身的滄海桑田。有兩個相互矛盾的拉扯力量在經文裡留下了痕跡。一方面，經文被修改，為了神祕的意圖而竄改、曲解和擴充，直到意思完全相反了，另一方面，人們心裡充斥著對於經文的一種關懷的敬虔，想要把所有東西完整地保存下來，不管經文是否說法一致或者自我抵銷。於是經文漏洞百出，到處充斥著擾人的重複，明顯的矛盾，以及種種不經意洩漏出來的跡象。對於經文的扭曲和殺人沒有兩樣。困難不在於怎麼下手，而在於怎麼湮滅痕跡。（在德語裡）人們所說的「扭曲」（Entstellung）也許是有歧義的，儘管現在已經沒有使用了。它的意思不只是改變外表而已，也意味著改變位置，挪到別的地方。於是，在許多經文扭曲的情況，我們都可以看到其中隱藏著被壓抑和否定的東西，儘管經過變造而且脫離了上下文。只不過不是每次都那麼容易辨認。

我們想要挖掘出來的那些扭曲的意圖，應該早在傳說被寫下來以前就上下其手了。而我們也看到其中一個最強烈的意圖。我們說過，由於他們把新的神**雅威**安插到**加低斯**，而不得不想辦法美化祂。更確切地說：他們必須安頓祂，賦予祂一個地位，抹去以前的宗教的痕跡。此舉對於定居該地的族人似乎很有效，我們再也沒有聽到關於其他宗教的事。對於歸回的族人而言就沒有那麼簡單；他們不想忘記出走埃及、摩西以及割禮的習俗。他們的確住過埃及，可是他們離開那裡了，從現在起，埃及的所有流風餘韻都要拋棄掉。他們把摩西挪移到米甸和**加低斯**，使他和雅威的司祭以及宗教創立者變成同一個人。割禮是對於埃及的從屬性的重要記號，它應該保存下來，可是儘管證據充足，他們卻想盡辦法要讓這個習俗和埃及撇清關係。有一次**雅威**因為摩西忽略了割禮而對他大發雷霆，摩西的米甸人妻子趕緊為兒子行割禮才救了他一命！《出埃及記》裡的這個沒頭沒腦而且寫作風格讓人費解的段落，我們只能理解為那是要刻意反駁叛變的事實真相。底下我們還會看到另一段為了反駁讓人尷尬的證據而虛構出來的故事。

我們很難說那是個新的意圖的出現，它其實只是沿襲以往的意圖而已，他們想方設法要否認**雅威**是新的神或者是對於猶太人而言外來的神。基於這個目的，他們加上了民族先祖亞伯拉罕、以撒和雅各的傳說。雅威信誓旦旦地說祂是這些先祖們的神；當然祂也必須承認說，他們不是以這個名字敬拜祂的。(注38)

祂並沒有說人們以其他什麼名字敬拜祂。這裡剛好有個機會完全撇清割禮源自埃及這個事實。**雅威**早就要亞伯拉罕為其子孫行割禮，以作為立約的記號。可是這個杜撰的故事太拙劣了。如果要選擇一個記號，以有別於他人而且更加優越，他們應該會選擇一個別人沒有的記號，而不是一個在其他數百萬人身上都看得到的記號。一個棲居埃及的以色列人，他必須把所有埃及人當作同胞，就像在**雅威**裡的弟兄一樣。創造聖經經文的以色列人不會不知道割禮在埃及是司空見慣的事。麥耶提到的《約書亞記》裡的段落不經意地承認了這點，卻又要不計一切代價地否認它。

我們沒辦法指望宗教神話慮周藻密地注意到邏輯的一致性。否則人民恐怕會對於神的行為感到不滿，祂和先祖們立約，其中包含了相互的義務，在接下來的許多世紀裡卻沒有照顧同為立約當事人的人類，直到祂突然心血來潮，顯現在他們的子孫面前。以下的想法聽起來更奇怪，一個神居然會突然「揀選」一個族類成為祂的「子民」，當他們的神。我相信這是人類宗教的歷史裡絕無僅有的情況。在其他宗教裡，人民和神是同在一起而不可分的，他們自始就是一體的；我們或許有時候會聽說一個民族信奉另一個神，但是從來沒有聽說一個神會揀選另一個族類。如果我們回想一下摩西和猶太人民的關係，或許就會更加明白這個獨特的事件。摩西對猶太人屈尊俯就，把他們當作他的同胞；他們正是他的「選民」。（注39）

他們把先祖們扯進來，也有另一個目的。先祖們都住過迦南地，對於他們的懷念也就連接到該地區的在地性。他們有可能原本是地方上的英雄或是地方神祇，被遷入該地區的以色列人拿來放在他們的史前時代裡。據此，以色列人就可以證明他們是在那裡土生土長的，擺脫被視為外來入侵者的那種仇恨。那是個很技巧性的說法，也就是說，雅威神只是把先祖們曾經擁有的東西重新賜予他們而已。

在後來撰寫的聖經經文裡，作者便盡量避免提到**加低斯**。他們的宗教發源地變成了聖山西乃山或即何烈山（Sinai-Horeb）。這裡的動機並不清楚；他們或許是不想提到米甸人的影響。可是後來的種種扭曲，特別是所謂「司祭法典」時期，則是別有意圖。他們再也不必各憑己意地歪曲事實，因為它們已經是年深月久的事了。他們反而忙著把當下的誡命和律例回溯到從前的時代，一般而言，都讓它們奠基於摩西的律法，據此推論說它們是神聖而且有約束力的。儘管他們如此捏造過去的形象，這個行為還是有其心理的正當性。它反映了一個事實，那就是歷經了數百年——從出走埃及到**以斯拉**（Ezra）和**尼希米**（Nehemiah）確定聖經經文，大約歷時八百年——，雅威宗教漸漸回歸到原本的摩西宗教而並行不悖，到頭來或許完全合而為一。

這是個重要的結果，對於猶太宗教歷史而言是個攸關命運的內容。

七、

在後來的文學家、司祭和撰史者敘述的史前事件當中，有個事件特別突出，基於至為明顯而重大的人性動機，他們必須壓下它。那就是偉大的領袖和解放者摩西的遇害，**瑟林**在先知們的種種影射裡找到了蛛絲馬跡。我們不能說**瑟林**的說法是憑空臆測，它其實是相當有可能的事。出身易肯阿頓教派的摩西，他使用的方法正是國王的治國之術，直接命令人民接受他的信仰。（注40）摩西的教義或許比他的老師更加專橫；他不需要和太陽神掛勾，因為**太陽城**的教派對於他的外邦人而言沒有任何意義。摩西和易肯阿頓一樣，都遭遇到開明君主的下場。就像第十八王朝的埃及人一樣，摩西的猶太族人也受不了這麼靈性化的宗教，覺得它無法滿足他們的需求。兩者的遭遇如出一轍：被管束或被剝奪的人們群起反抗，推翻被強迫接受的宗教。然而溫馴的埃及人只是等待命運帶走他們的法老，而野蠻的閃族人則是直接除掉他們的專制君王。（注41）

我們不能說現存的聖經經文對於摩西這樣的下場沒有任何暗示。關於「曠野流浪」的記載——它可能代表著摩西的統治時期——提到了一連串的激烈叛變，而到頭來則是——在**雅威**的誡命之下——以血腥鎮壓收場。我們不難想像其中有一場叛變的結局是聖經經文不想要記載的。經文裡也提到人民悖離新的宗教，當然只是個插曲而已。那就是敬拜金牛犢的故事，經文以技巧性的說法，把必須以象徵性的角度理解的摔碎法版（「他打破了律法」）推給摩西自己，並且歸罪於他的烈怒。（譯注35）

有一陣子，族人懊悔殺害了摩西，想要忘記這件事。那應該就是在**加低斯**團聚的那個時期。然而如果他們把出走埃及和在綠洲創立宗教的時間差距拉近，並且說摩西是其中的推手而不是另有其人，那麼不僅滿足了摩西族人的要求，也可以撇清謀害摩西的事實。其實就算摩西沒有早死，他也不太可能參與**加低斯**的事件。

現在我們必須試著釐清這些事件的時序關係。剛才我們認為出走埃及的時間應該是在第十八王朝覆滅（1350 BC）之後。可能就在當時或是其後不久，因為埃及史家把其後的無政府時期都算到霍倫哈布（Horemhab）的統治時期，他終結了空位期並且在位到西元前一三一五年（譯注36）。**梅內普塔**（Merneptah, 1225- 1215 BC）豎立的石碑是關於這個繫年唯一的佐證（譯注37），碑文歌頌埃及戰勝了以色列（Isiraal, Israel）並且滅了它的「種子」（sic）（?.）。遺憾的是這塊碑文的價值很可疑；它被用來證明以色列部落在當時就已經定居在迦南地（注42）。**麥耶**依據碑文合理地推論說，**梅內普塔**不可能是如以往認為的《出埃及記》裡的法老。出走埃及應該是在更早的時期。關於《出埃及記》裡的法老究竟是誰的問題，對我們而言完全是無益戲論，出走埃及的時候根本沒有法老，因為當時正值空位期（Interregnum）。可是梅內普塔碑文也沒辦法告訴我們在**加低斯**的團聚以及新宗教的創立的確切時間點。我們可以確定的是，那是在西元前一三五〇年到一二一五年之間的事。我們猜想，在這百年間，出走埃及應該很接近起始的年代，而**加低斯**的事件則距離結束的年代不遠。我們認為兩者的時間間隔應該更久。不管是歸回的族人要平復謀害摩西的痛苦回憶，或者是摩西的族人，利未人，他們的勢力要壯大到贏得加低斯的讓步，都需要更久的時間。兩個世代，整整六十年的時間或許足夠，但也只是剛好而已。依據梅內普塔碑文推論出來的年代，我們認為太早了，而我們也明白，在我們的架構裡，其中一個假設是以另一個假設為基礎的，所以必須承認說，這個討論揭露了我們的構想的一個短處。可惜所有關於迦南地的猶太人的文獻不是語焉不詳就是混亂不堪。我們只知道碑文裡的「以色列」並不是指我們在追蹤其命運的、後來組成以色列民族的那些部落。倒是源自「阿瑪那」時期的「希伯來」

（Habiru, Hebräer）轉而指涉這個民族。

不管那些部落在什麼時候因為信仰了一個共同的宗教而團結一個民族，在世界史裡都可能是無關緊要的事件。這個新興宗教可能因為一連串事件而被沖刷掉。**雅威**也可能躋身於文學家福樓拜（Flaubert）的靈視裡過往諸神的遊行行列（譯注38），而所有十二支派（譯注39）也可能都「失散」了，而不只是盎格魯撒克遜人一直在找尋的那十個支派。（譯注40）當時米甸人摩西率領一群新的人民投靠的**雅威**神，可能不是什麼超越性的存有者，而只是個粗鄙而心胸狹隘的地方神，殘暴而嗜血；祂應許祂的信徒一塊「流奶與蜜之地」，並且要求他們把當地居民「用利劍」殺盡。（譯注41）或許有人會相當驚訝，聖經經文在這麼多次的修訂之後，怎麼還會讓我們看到它的原始痕跡？我們甚至不確定祂的宗教到底是不是真正的一神教，這個宗教是否真的否認其他神祇的神性。或許他們只要知道自己的神比所有外邦人的神都更強大就足夠了。如果說接下來的事件演變不同於預期，我們認為原因只有一個。埃及人摩西對一部分的族人宣揚的是另一種更加靈性的神的觀念，一個獨一的、涵攝整個世界的神，既擁有大能而又慈愛萬物，祂厭惡所有祭祀和巫術，要求人類以生活在真理和正義裡為其究竟目標。因為儘管關於**阿頓**宗教的道德層面的記載殘缺不全，但是易肯阿頓在銘文裡一再說他「生活在**瑪特**裡（Maat，真理、正義）」，這不可能是無意義的事。（注43）族人是否不久之後就放棄了摩西的教義並且除掉他，那並不是重點所在。摩西沒有做到的事，經過了若干世紀，漸漸形成了**傳統**並且深植人心。雅威得到不屬於祂的敬愛，在加低斯的人們把摩西拯救族人的事蹟都歸於雅威；可是祂必須為了掠人之美而付出沉重的代價。神腳下的影子比他強大得多；到了演變的終點，在祂的存在背後出現了那個被遺忘了的、摩西的神。沒有人會懷疑說，僅僅憑著這個另一個神的想法，就讓猶太人撐過了所有艱難橫逆，一直存活到我們這個時代。

我們現在難以斷定在摩西的神終於戰勝雅威的時候，利未人扮演什麼樣的角色。在加低斯的協議當中，他們是支持摩西的。他們是摩西的隨從和族人，對主人記憶猶新。在其後數百年間，他們和當地人或者祭司同化，祭司的主要職務是主理禮儀，保存聖經，並且依據其種種目的加以修訂。然而所有祭祀和禮儀基本上不都是摩西原本的教義強烈譴責的巫術和魔法嗎？族人當中有許多人前仆後繼地站出來，他們不一定是摩西的族裔，卻被暗地裡漸漸成形的強大傳統感動，這些人，這些先知，他們不屈不撓地宣揚摩西的舊教義，認為神厭惡獻祭和儀式，祂只要人信仰祂，並且遵守真理和正義（瑪特）而生活。先知們的努力成效卓著而經久不衰，他們藉以振興舊信仰的教義，成了猶太教的固有內容。對於猶太人而言，可以守護這樣一個傳統並且培養出宣揚它的人，那是莫大的榮耀，儘管它是發軔自一個偉大的外邦人。

要不是我可以引證其他專家和研究者的判斷，也會對於這個說法感到不確定，他們都很清楚摩西對於猶太教的重要性，儘管不認為他是埃及人。例如，瑟林說：「因此，我們一開始就必須把真正的摩西的宗教，他所宣揚的對於一個有德行的神的信仰，想像成一小撮族人的財產。我們不能指望一開始就在正式的祭典、在祭司的宗教、在民族的信仰裡找到它。我們只能假定他所點燃的靈性火炬的火星四處飛舞著，他的理念並沒有灰飛煙滅，而是一直在對於信仰和習俗潛移默化，直到有一天，透過振聾發聵的特殊經驗，或是一個特別沉浸在這個信仰的人，它才會更加排山倒海地覆潤整個民族。我們必須一開始就在這個觀點之下去思考以色列的早期宗教歷史。如果我們依據關於在迦南地前五百年的宗教的歷史記載去重構摩西的宗教，那麼我們就犯了最嚴重的方法學上的錯誤。」（注44）**沃爾茨**（Paul Volz）講得更明白。他說：「摩西高唱入雲的工作一開始沒有多少人理解或信受奉行，歷經數

百年才漸漸深植人心，到頭來感動了志同道合的先知們，進而踵武這個孤獨者的工作。」（注45）

說到這裡，我想可以就此打住，我唯一的目地只是要把埃及人摩西的形象嵌入猶太人的歷史脈絡。談到我的結論，則不妨一言以蔽之：除了那段歷史的著名二元性以外——**兩群**族人組成一個民族，這個民族分裂成**兩個**國家，在聖經底本裡，神有**兩個**名字——我們加上另一個二元性：他們創立了**兩個**宗教，第一個宗教遭到另一個宗教的排擠，卻又勝利歸回；此外也有**兩個**宗教創立者，他們都叫作摩西，可是其實是兩個不同的人。所有這些二元性都是第一個事件的必然結果，其中一部分的族人走過了所謂的創傷經驗，而其他族人對於那個經歷則是很陌生。除此之外，我們必須討論、解釋和主張更多觀點，才能為我們的純粹歷史研究的旨趣辯護。一個傳統真正的本質究竟是什麼，它的特殊權力基礎到底是什麼，我們為什麼難以否認一個偉人左右世界歷史的力量，如果我們認為人類生活美妙的多樣性動機只是源自物質性的需求，那是不是在褻瀆這個多樣性，許多讓個人以及民族臣服的理念，尤其是宗教的理念，它們是源自何處——所有這些猶太歷史的個別主題的研究，應該是相當誘人的工作。這篇論文的延伸研究，應該會和我在二十五年前的著作《圖騰與禁忌》裡的結論接軌。可是我想我再也沒有力氣為之了。

注釋

注1：*Imago*, Bd. XXIII, 1937, Heft 1: "Moses ein Ägypter"。

注2：我們不清楚一共有多少人脫離埃及。

注3：布瑞斯特說他是「人類歷史裡的第一人」。

注4：以下主要依據：J. H. Breasted, *History of Egypt*, 1906; *The Dawn of Conscience*, 1934; *The Cambridge Ancient History*, Vol. II。

注5：或許包括安夢和泰普寵幸的妻子娜芙蒂蒂（Nofretete）

注6：見：Breasted, *History of Egypt*, p. 360：「但是就算關於新王國時代的宗教源自太陽城的證據再怎麼確鑿，也算不上是太陽神敬拜；『阿頓』這個詞以前就是用來指『神』（nuter）的意思，而神顯然有別於物質性的太陽。」「國王所神格化的，顯然是在地球上感受到的太陽的威力。」（*Dawn of Conscience*, p. 279）關於敬拜神的慣用語，艾爾曼（A. Erman）也有類似的意見（*Die Ägyptische Religion*, 1905）：「它們應該是……盡可能抽象的語詞，人們敬拜的不是天體本身，而是在天體裡開顯自我的存有者。」

注7：同前揭：*History of Egypt*, p. 374。

注8：我依據英語的拼法，寫作「Ikhnaton」，而不是「Akhenaton」。國王的新名字和以前的名字意思差不多：「讓神悅納」，就像德語裡的「Gotthold」、「Gottfried」一樣。

注9：一八八七年，在這裡出土了埃及國王和他們在亞洲的盟友以及附庸國的通信，對於我們的歷史知識而言是一件大事。

注10：同前揭：*History of Egypt*, p. 363。

注11：威格爾（Weigall, *The Life and Times of Ikhnaton*, 1923, p. 121）說，易肯阿頓不喜歡地獄的觀念，因為害怕下地獄，人們使用許多巫術咒語。「易肯阿頓把所有這些咒術都丟到火裡。神靈、妖怪、鬼魂、怪物、半神以及奧賽利斯，都被拋進熊熊烈火燒成灰燼。」

注12：同前揭：「易肯阿頓禁止為阿頓造偶像。國王說，真正的神是沒有形象的；他終其一生都堅持這個想法。」

注13：Erman, loc. cit., p. 70：「人們再也聽不到奧賽利斯以及祂的冥府。」Breasted, *The Dawn of Conscience*, p. 291：「奧賽利斯完全被人忽視。不管是在關於易肯阿頓的任何記載或是阿瑪那的陵墓，對祂都隻字不提。」

注14：只有在威格爾的若干段落提到：「『阿頓』（Atum）這個神，太陽神雷，指的是落日，和敘利亞北部流行敬拜的『阿頓』（Aton）或許來源相同，因此，相較於底比斯，

外邦人的王后及其隨從或許比較喜歡太陽城。」

注15：如果我們專斷恣意地處理聖經的傳說，只要有用的，就引用它作為證據，只要牴觸我們的說法，就不假思索地棄之不顧，那麼我們一定會遭到方法學上的嚴厲批評，因而削弱了我們的闡述的證據力。然而那是處理這樣的材料的唯一方法，當我們很清楚它的可信度因為人們竄改的習慣而嚴重毀損。如果我們追蹤那些祕密的動機，應該找得到若干證明。我們當然沒辦法完全確定，此外，我們或許可以說，所有其他作者的作法也沒什麼不同。

注16：如果說摩西是個大官，我們就更容易理解他在猶太人當中的領袖角色。如果他是個祭司，那麼他會比較想要為人民建立一個新宗教。在這兩種情況下，他都是在延續以前的工作。而王室的成員也比較有可能身兼總督和祭司。在約瑟夫斯（Flavius Josephus, 37-100）的《猶太古史》（*Antiquitates Iudaicae*）也有關於脫離埃及的記載，但是和聖經的說法顯然有些出入，他說摩西是個在衣索匹亞戰功彪炳的埃及將領。

注17：這個繫年比大多數歷史學家的假設要早了一百多年，他們認為是在梅內普塔（Merneptah）的第十九王朝的事，或許沒有那麼早，因為正史似乎把空位期（Interregnum）算進霍倫哈布在位的時期。（譯按：另見：《埃及四千年》〔Joann Fletcher, *The Story of Egypt*, 2016〕，頁303：「埃赫納吞（易肯阿頓）、娜芙蒂蒂、圖坦卡蒙（圖

坦卡門）和艾伊都『被消失了』，而他們那大約三十年的統治都歸到了霍雷姆赫布（霍倫哈布）的名下，這就讓他在位的期間達到了五十九年——不太可能是事實，而只是源於塞狄的慷慨。」）

注18：希羅多德於西元前四五〇年左右到埃及遊歷，在遊記裡談到埃及民族的特色，它和後來的猶太人的著名特徵極為類似：「他們在所有方面都比其他民族更虔誠，在許多風俗上也有別於其他民族，例如割禮，基於潔淨的理由，他們先於其他民族推行這個習俗；此外，他們也討厭豬，無疑是和賽特（Seth）喬裝成黑豬打傷霍魯斯（Horus）有關；最重要的是他們敬拜牝牛，從來不吃牝牛或是把它當作祭品，因為那會冒犯了頭上有牝牛角的伊西斯（Isis）。所以說，埃及人不管男女，都不會和希臘人接吻，或是用希臘人的刀子、鐵條或鍋子，也不會嘗一下用希臘人的刀子宰割的、潔淨的牡牛的肉……他們以傲慢的狹隘心胸，瞧不起其他既不潔淨又不像他們那麼信神的民族。」（Erman, *Die Ägyptische Religion*, p. 181 u. ff.）我們當然也不要忘了他們和印度人的生活的相似性。此外，十九世紀的猶太裔詩人海涅（Heine）怎麼會想到抱怨他的宗教是「沿著尼羅河谷一路蔓延的瘟疫，古老的埃及人的病態信仰」呢？（譯按：見：Heinrich Heine, *Zeitgedichte*, XI。）

注19：約瑟弗斯關於這則軼事的說法則略有不同。

注20：Eduard Meyer, *Die Israeliten und ihre Nachbarstämme: alttestamentliche Untersuchungen*。

注21：聖經若干段落說雅威從西乃山下來到加低斯的米利巴。

注22：同前揭：p. 38, 58。

注23：同前揭：p. 49。

注24：同前揭：p. 449。（譯按：另見：希羅多德，《歷史》，頁150。）

注25：同前揭：p. 451。

注26：同前揭：p. 49。

注27：同前揭：p. 72。

注28：同前揭：p. 47。

注29：Ed. Sellin, *Mose und seine Bedeutung für die israelitisch-jüdische Religionsgeschichte*, 1922。

注30：這個假設也符合雅胡達關於埃及對於早期猶太人文獻的影響的說法。見：A. S. Yahuda, *Die Sprache des Pentateuch in ihren Beziehungen zum Aegyptischen*, 1929。

注31：Gressmann, p. 54。

注32：*Encyclopedia Britannica*, XL Auflage, 1910. Artikel: Bible。

注33：見：Auerbach, *Wüste und Gelobtes Land*, 1932。

注34：阿斯楚克（Atruc）於一七五三年率先提出雅威典（Jahvist）和神典（Elohist）的差別。

注35：歷史學家一般認為，猶太版本的確定是西元前五世紀的以斯拉（Ezra）和尼希米（Nehemiah）改革的成果，也就是在被擄歸回以後，在寬大的波斯王的統治之下。我們估算大概是在摩西出現的九百年之後。藉由這些改革，他們信守奉行以被揀選的族類為主旨的種種規定：禁止外族通婚，以和其他部落區隔開來；五經，真正的律法書，以確定的形式彙編成法典；完成所謂「司祭法典」的改寫。然而，我們似乎可以確定改革並沒有引進任何新的意圖，而只是沿襲且強化以前的律例。

注36：另見：Yahuda, l. c.。

注37：如果他們有禁止造偶像的限制，當他們為了新的語言選擇書寫符號時，就更有動機要放棄象形文字了。

注38：這個說法不但沒有辦法解釋為什麼要限制使用這個新名字，反而更啟人疑竇。

注39：雅威無疑是個火山神。一個埃及居民沒有理由要敬拜祂。我當然不是第一個主張說「雅威」這個名字和另一個神的名字「朱庇特」（Juptier）的詞源「Jovis」同音的人。「約哈南」（Jochanan）（意思類似「Gotthold」，相當於布匿語〔punisch〕的「Hannibal」）這個名字和希伯來文的「雅威」的縮寫有關，它的各種形式，「Johann」、「John」、「Jean」、「Juan」，都是歐洲基督教世界最流行的名字。當一個義大利人說他叫作「Giovanni」，而把禮拜四叫作「Giovedi」，其實是再次彰

顯一個或許無關緊要、或許意義重大的相似性。它所開啟的視野既開闊而又不確定。在歷史研究剛剛起步的那些闇昧世紀裡，在地中海東部盆地的那幾個世紀裡，顯然屢屢出現火山爆發的場景，而讓當地居民印象深刻。伊文思（Evans）認為，克諾索斯（Knossos）的米諾斯王宮（Minos-Palast）變成一片廢墟是地震造成的。在當時的克里特島（Kreta），就像整個埃及一樣，都是敬拜母神。當人們認知到她不足以保護她的家，對抗強大力量的侵襲，就會認為她應該讓位給一個男性神，於是火山神這才有權要求取而代之。宙斯（Zeus）一直是個「大地震動者」。無疑的，在那些闇昧的年代裡，母神的確被男性神（或許原本是她的兒子們？）取代了。女神雅典娜（Pallas Athene）的命運特別讓人印象深刻，她無疑是地方性的母神，由於一場宗教的顛覆，她被貶謫成了一個女兒，被剝奪了原本的母親角色，由於被強加童真的屬性而失去了母性。

注40：在那個時代裡也幾乎不可能有其他的教化方法。

注41：說也奇怪，在幾千年的埃及歷史裡，我們幾乎沒有看到法老遭遇兵變或是被弒。

注42：Ed Meyer, l. c. p. 222。

注43：他的讚歌不僅強調神的普世性和獨一性，也提到祂如何慈怙所有受造者，要他們享受自然及它的美麗。另見：Breasted, *The Dawn of Conscience*。

注44：同前揭：p. 52。

注45：Paul Volz, *Mose*, Tübingen 1907 (p. 64)。

譯注

譯注1：「埃及司法的守護神，世界秩序的人格化，立基於真理、權利和法律，作為萬物的規範。每個人都得尊重她一點，因為在彼岸的審判裡，他們必須以瑪特為砝碼秤量。瑪特是太陽神雷（Re）的女兒，她和丈夫托特（Thot）每天陪伴太陽神乘著太陽船飛行。國王是『瑪特的愛人，活在她的法律裡頭』。她在卡納克（Karnak）神殿是她的審判席，也是審訊監獄，而法官就是她的祭司。她有人類的形象，頭上有鴕鳥羽毛，那也是瑪特的象形符號，她的手裡則有生命的符號。」（《神話學辭典》，頁311）

譯注2：「（埃及）對抗蛇和邪惡的守護神，特別是保護家庭主婦和嬰兒。人們會把早產的孩子託他照顧，把貝斯的木頭雕像擺在孩子身邊。他被尊為預言神，身形短小，頭大滑稽，有動物的耳朵，獅子的尾巴，手持刀子和喇叭。」（《神話學辭典》，頁81）

譯注3：他改名為易肯阿頓（Akhenaten），提倡太陽神信仰，並不是一神論，而是單一主

神論（henotheism，或譯為擇一神論），也就是只信仰一個神，但不否認其他神的存在。見：蒲慕州，《法老的國度》，頁207-212，麥田，2001。

譯注4：見：《法老的國度》，頁203-207。

譯注5：見：《法老的國度》，頁208-209：「你燦爛地在天邊升起，啊！充滿生命的太陽，生命的創造者！當你從東方升起，你以自己的光芒充滿全地，美麗、偉大、光耀四射。高居世界之上，你的光芒擁抱你所創造的大地。你是雷，伸展到大地的盡頭。你讓世界臣服於你的愛子，你遠在天邊，光芒卻在地上。人雖看得見你，卻看不出你的腳步。當你向西方沉沒，大地如死亡般地漆黑，人們蒙頭睡在屋裡，一眼看不見另一眼，如果他們的財物被盜，他們也不知道。猛獅出洞，毒蛇咬噬，黑夜如氈、大地沉睡，他們的創造者在地平線下休息。當你於天明時升起於地平線上，當你是白晝的太陽，驅走黑暗，放射光輝，全地都歡欣鼓舞。人們站在地上，因為你喚醒了他們，梳洗穿戴，高舉雙手，讚美你的出現。全世界都開始工作，牲口就食，草木萌生，飛鳥出巢，展翼以迎你的卡，所有牲口都蹦蹦跳跳，所有能飛落的生物，他們因你的升起而得活。你在我心中，沒有別人認識你，只有你的兒子，易肯阿頓，你教導他你的道和你的大能，世界靠你的手做成，你升起，他們得生，你落下，他們死亡，你就是生命，人因你而活。」

譯注6：見：《詩篇》19:4-6：「神在其間為太陽安設帳幕；太陽如同新郎出洞房，又如勇士歡然奔路。他從天這邊出來，繞到天那邊；沒有一物被隱藏不得它的熱氣。」

譯注7：也就是圖坦卡門（Tutankhamun），意思是「安夢的生像」，九歲即位，十七歲即去世。見：《法老的國度》，頁219。

譯注8：也就是「示瑪」（以色列啊！你要聽）。見：《申命記》6:4。

譯注9：《創世記》17:9-11：「神又對亞伯拉罕說：『你和你的後裔一定要世世代代遵守我的約。這就是我與你，以及你的後裔所立的約，是你們所當遵守的，你們所有的男子都要受割禮。你們要割去肉體的包皮，這是我與你們立約的記號。你們世世代代的男子，無論是在家裡生的，或是用銀子從外人買來而不是你後裔生的，都要在生下來的第八日受割禮。你家裡生的和你用銀子買的，都必須受割禮。這樣，我的約就在你們肉體上成為永遠的約。不受割禮的男子都必從民中剪除，因他違背了我的約。』」

譯注10：《出埃及記》4:24-26：「在路上住宿的地方，耶和華遇見摩西，想要殺他。西坡拉就拿一塊火石，割下她兒子的包皮，碰觸摩西的腳，說：『你真是我血的新郎了。』這樣，耶和華才放了他。那時，西坡拉說：『你因割禮就是血的新郎了。』」

譯注11：「他們至少是世界上僅有的割除包皮的民族，當然還要加上向他們學樣的人。」

（2.36）……他們行割禮是為了乾淨；他們認為乾淨比體面更重要。（2.37）……至於埃西歐匹亞人（Ethiopians）本身，則我誠然還不能斷定，是他們從埃及人那裡學到了割禮，還是埃及人從他們那裡學到了割禮，但這顯然是一個十分古老的風俗了。（2.104）」希羅多德，《歷史》，王以鑄譯，台灣商務，1997。

譯注12：指底拿（Dinah）被示劍玷污的故事。見：《創世記》34:1-31。

譯注13：見：《出埃及記》16:3：「以色列全會眾從以琳起行，在出埃及後第二個月十五日到了以琳和西乃中間、汛的曠野。以色列全會眾在曠野向摩西、亞倫發怨言，說：『巴不得我們早死在埃及地、耶和華的手下；那時我們坐在肉鍋旁邊，吃得飽足。你們將我們領出來，到這曠野，是要叫這全會眾都餓死啊！』」

譯注14：見：《出埃及記》13:14-15：「日後，你的兒子問你說：『這是甚麼意思？』你就說：『耶和華用大能的手將我們從埃及為奴之家領出來。那時法老固執，不肯放我們走，耶和華就把埃及地所有頭生的，無論是人是牲畜，都殺了。因此，我把一切頭生的公的牲畜獻給耶和華為祭，卻將所有頭生的兒子贖出來。這要在你手上作記號，在你額上作經匣，因為耶和華用大能的手將我們從埃及領出來。』」

譯注15：即阿瑪那書信或阿瑪那泥版，阿瑪那是在上埃及地區，是古埃及第十八王朝的首都。泥版文字是以阿卡德楔形文字寫成的，共三八二塊。

譯注16：即巴比倫文的「Apiru」或埃及文的「Aperu」，是由閃族即非閃族構成的遊牧民族，多為當時高官富賈的僕役或工匠樂師，也有的是打家劫舍的盜匪。

譯注17：見：《出埃及記》19:5-9：「如今你們若實在聽從我的話，遵守我的約，就要在萬民中作屬我的子民，因為全地都是我的；你們要歸我作祭司的國度，為聖潔的國民；這些話你要告訴以色列人。」

譯注18：見：《出埃及記》2:11-12：「後來，摩西長大，他出去到他弟兄那裡，看他們的重擔，見一個埃及人打希伯來人的一個弟兄。他左右觀看，見沒有人，就把埃及人打死了，藏在沙土裡。」

譯注19：見：《出埃及記》32:19-20：「摩西挨近營前，就看見牛犢，又看見人跳舞，便發烈怒，把兩塊版扔在山下摔碎了，又將他們所鑄的牛犢用火焚燒，磨得粉碎，撒在水面上，叫以色列人喝。」

譯注20：見：《申命記》4:21：「耶和華又因你們的緣故向我發怒，起誓必不容我過約旦河，也不容我進入耶和華你神所賜你為業的那美地。」

譯注21：見：《出埃及記》4:10：「但是摩西說：『上主啊，不，請你不要差我。我一向沒有口才；你跟我講話以後也沒改變。我就是這麼一個笨口笨舌的人。』」

譯注22：加低斯巴尼亞的別名，以色列人在曠野流浪時曾經定居該地。見：《申命記》

32:51；《以西結書》47:19；《以賽亞書》48:28。

譯注23：見：《出埃及記》3:1-2：「摩西牧養他岳父米甸祭司葉忒羅的羊群；一日領羊群往野外去，到了神的山，就是何烈山。耶和華的使者從荊棘裡火焰中向摩西顯現。摩西觀看，不料，荊棘被火燒着，卻沒有燒毀。摩西說：『我要過去看這大異象，這荊棘為何沒有燒壞呢？』耶和華神見他過去要看，就從荊棘裡呼叫說：『摩西！摩西！』他說：『我在這裡。』神說：『不要近前來。當把你腳上的鞋脫下來，因為你所站之地是聖地』；又說：『我是你父親的神，是亞伯拉罕的神，以撒的神，雅各的神。』」

譯注24：見：《出埃及記》18:1-27。

譯注25：見：《約書亞記》5:2-9：「耶和華對約書亞說：『我今日將埃及的羞辱從你們身上輥去了。』因此那地方名叫吉甲，直到今日。」

譯注26：見：《民數記》21:7-8：「耶和華對摩西說：『你製造一條火蛇，掛在杆子上。凡被咬的，一望這蛇，就必得活。』摩西便製造一條銅蛇，掛在杆子上。凡被蛇咬的，一望這銅蛇就活了。」

譯注27：以色列人進入應許之地以前的營地。《民數記》25:1：「以色列人住在什亭。」一說為古城塔哈曼（Tall el-Hamman）。瑟林的說法，見氏著：*Mose und seine*

Bedeutung für die israelitisch-jüdische Religionsgeschichte, S. 14, 16, 41, 47, 82。

譯注28：《出埃及記》28:1：「你要從以色列人中，叫你的哥哥亞倫和他的兒子拿答、亞比戶、以利亞撒、以他瑪一同親近你，作事奉我的祭司。」利未是雅各和利亞生下的第三個兒子，利未人散住在以色列各地，成為唯一事奉神的支派，擔任祭司的助手，和祭司一同維護聖所的聖潔。

譯注29：標準化石是指可以用來推測其所處地層的地質年代的化石。在這裡引申為推論的基準點。

譯注30：指《舊約聖經》前六卷。

譯注31：《出埃及記》13:20-21：「日間，耶和華在雲柱中領他們的路；夜間，在火柱中光照他們，使他們日夜都可以行走。日間雲柱，夜間火柱，總不離開百姓的面前。」

譯注32：《出埃及記》19:18：「西乃全山冒煙，因為耶和華在火中降於山上。山的煙氣上騰，如燒窯一般，遍山大大地震動。」

譯注33：指《創世記》前十一章。

譯注34：西元前五八六年亞布月九日，巴比倫人摧毀耶路撒冷的聖殿，並擄走猶太人。

譯注35：《出埃及記》32:15-19：「摩西轉身下山，手裡拿著兩塊法版，這版是兩面寫的，這面那面都有字。是神的工作，字是神寫的、刻在版上。約書亞一聽見百姓呼喊

的聲音，就對摩西說：『在營裡有爭戰的聲音。』摩西說：『這不是人打勝仗的聲音，也不是人打敗仗的聲音，我所聽見的，乃是人歌唱的聲音。』摩西挨近營前，就看見牛犢，又看見人跳舞，便發烈怒，把兩塊版扔在山下摔碎了。」

譯注36：關於霍倫哈布的在位時間眾說紛紜，一說是西元前一三一九到一二九五，也有人說是西元前一三二三年到一二九五年，又有一說是西元前一三四三年到一三一五年。也有出土證據說他實際在位十四年。

譯注37：梅內普塔石碑是唯一提到「以色列」（Isrir, Israel）的碑文，上頭提到「以色列慘遭蹂躪，幾乎滅種」、「以色列荒蕪，其種無存」。在埃及文裡，「以色列」是指一個遊牧民族。

譯注38：見：福樓拜，《聖安東尼的誘惑》（*La Tentation de Saint Antoine*）：「佛陀宣說他不可思議的一生；維納斯展現她渾圓曼妙的裸體；伊西斯講述可怕的獨白。最後出現了耶和華的魅影，一個永遠死去的神的影子。」

譯注39：《出埃及記》1:1-4：「以色列的眾子，各帶家眷，和雅各一同來到埃及。他們的名字記在下面。有流便、西緬、利未、猶大、以薩迦、西布倫、便雅憫、但、拿弗他利、迦得、亞設。」

譯注40：北國以色列滅亡（772 AD）以後，在北方的十個支派被同化而失去了以色列人的

身分。現在的猶太人指的是南國的猶大和便雅憫支派。多年來世人一直在尋找失散的支派，其中有人主張說大不列顛以及美國人是以色列國中的以法蓮和瑪拿西「失落的支派」。一三二〇年，蘇格蘭貴族在《蘇格蘭獨立宣言》裡主張蘇格蘭人民是以色列的支派。十六世紀，在英國興起所謂「英國以色列主義」，以偽考古學觀點聲稱英國人是以色列失落的支派，該運動在十九世紀到達巔峰，至今屹立不墜。

譯注41：《約書亞記》6:15-21：「第七日清早，黎明的時候，他們起來，照樣繞城七次；惟獨這日把城繞了七次。到了第七次，祭司吹角的時候，約書亞吩咐百姓說：『呼喊吧，因為耶和華已經把城交給你們了！這城和其中所有的都要在耶和華面前毀滅；只有妓女喇合與他家中所有的可以存活，因為他隱藏了我們所打發的使者。至於你們，務要謹慎，不可取那當滅的物，恐怕你們取了那當滅的物就連累以色列的全營，使全營受咒詛。惟有金子、銀子，和銅鐵的器皿都要歸耶和華為聖，必入耶和華的庫中。』於是百姓呼喊，祭司也吹角。百姓聽見角聲，便大聲呼喊，城牆就塌陷，百姓便上去進城，各人往前直上，將城奪取；又將城中所有的，不拘男女老少，牛羊和驢，都用刀殺盡。」

摩西、他的族人以及一神教

第一部

前言一

寫於一九三八年三月前夕

憑著孤注一擲的鹵莽，我再度收回一個合理的決定，延續我刊登在《形象》雜誌兩篇關於摩西的論文（*Imago*, Bd. XXIII, Heft 1 und 3），完成遲遲沒有動筆的末段。我在寫完上一篇論文時說我確定自己再也沒有力氣寫下去了，我的意思當然是說，因為年事已高，我的創作力越來越弱了（注1），但是我還想到另一個阻礙。

我們生活在一個特別波詭雲譎的時代。我們驚覺到進步和野蠻脫不了關係。在蘇維埃，他們想辦法要改善大概一億個被壓迫的人民的生活境況，大膽地要他們戒除宗教的「鴉片」，也知道要賦予人民適度的性愛自由，卻又殘忍鎮壓人民，剝奪他們任何自由思考的機會。在義大利，政府也以類似的殘暴手段灌輸人民秩序和責任感。當我們看到，就算沒有假借任何進步的理念，日耳曼民族也會退墮到幾乎史前時代的野蠻狀態，心裡也就沒有那麼憂慮不安了。無論如何，保守派的民主黨至少變成文明進步的守門員，而說也奇怪，天主教教廷居然極力抵制那種文明危害的蔓延。它在認識真理方面一直是思想自由和進步的死敵！

我們生活在有這個教會保護的天主教國家裡，不確定它還能支撐多久。然而只要這個保護一直存在，我們當然就會遲疑要不要做出讓教會反感的事。那不是膽小懦弱，而是深思熟慮；相較於我們已經知道怎麼應付的敵人，我們要防範的新敵人更加危險。我們司空見慣的心理分析研究當然是天主教疑慮的對象。我們不會說這個疑慮是無的放矢。如果我們的研究成果會把宗教化約成人類的一種精神官能症，把宗教的強大力量解釋成我們在病人身上看到的強迫症，那麼我們確定會招致當局不滿。我們所說的並不是什麼聞所未聞的事，這二十五年來也被證實了，人們只是忘記了，而如果我們舊話重提，而且以所有宗教創立的典型例證去闡釋，恐怕會自取其禍。我們的心理分析研究有可能遭到禁止。那種殘暴的鎮壓方法，教會絕對不陌生；而如果別人也有樣學樣，教會應該會覺得侵犯了它的特權吧？我在漫長的人生看到心理分析的工作遍及各地，但是沒有比它誕生和成長所在的城市更適合作為它的家鄉。

這不只是我的猜想而已，我知道這個阻礙，這個外在的危險，會阻止我發表關於摩西的研究的最後部分。我試著排除這個障礙，告訴自己說我的擔憂是因為我太瞧得起自己了。或許權威當局根本不在乎我關於摩西以及一神教的起源的說法。然而我不敢說我的判斷是正確的。但是就算我人微言輕，他們還是會認為我心懷不軌而且惟恐天下不亂。所以我應該不會發表這篇論文。但是這並不會讓我就此擱筆。尤其是我在兩年前就寫好了，現在我只要修改一下，把它和前面兩篇論文整合在一起就行了。它或許會一直束諸高閣，直到它有一天可以安全無虞地公諸大眾，或者是可以對一個提出相同的結論和意見的人說，從前，在那個黑暗年代裡，有個人的想法和你一樣。

注釋

注1：我並不同意和我同年的蕭伯納（Bernard Shaw）的看法，他說人只有活到三百歲，才能成就真正有價值的事。僅僅馬齒徒長還是不夠的，如果生活條件沒有跟著澈底改變的話。

前言二

一九三八年六月

我在撰寫關於摩西的論文時遭遇到的特殊困難——內心的疑慮和外在的阻撓——，正是為什麼這個第三篇結語的論文會有兩篇相互矛盾甚至抵銷的前言。因為在兩篇前言之間的短短間隔裡，作者的外在環境有了天翻地覆的改變。當時我生活在天主教會的庇護下，擔心論文的發表會失去這個庇護，而在奧地利心理分析的支持者和學生也會被禁止從事他們的工作。接著，德國人猝不及防地入侵；而用聖經的話說，天主教證明是「壓傷的蘆葦」（譯注1）。我很清楚自己會遭到迫害，不只是因為我的思想模式，更因為我的「種族」，我和許多朋友一樣，離開了自幼居住的城市，在那裡生活了七十八年的家鄉。

美麗、自由而心胸寬大的英國極為友好地接納了我。我住在這裡，一個受歡迎的客人，免於那樣的壓迫，很開心我可以再次講演和寫作——我幾乎要說「思考」，只要我想要或覺得有必要。直到現在，我才敢公開我的論文的最後部分。

再也沒有外在的阻撓，或者至少沒有使我退縮的阻礙。在短短幾個禮拜當中，訪客絡繹不絕於途，有些朋友對我說他們很高興在這裡看到我，也有不認識的人，對我的作品不感興趣的人，他們也欣慰我終於在這裡找到自由和安全。期間也收到許多不同的來信，其頻繁程度讓我這個外國人相當驚訝，有人擔心我的靈魂救贖，也有人想要為我指引基督的道路，對我開導關於以色列的未來。

寫這樣的信的好人們，他們或許對我所知不多。不過我想，如果我的新同胞們讀到我關於摩西的論文的英譯本，他們應該再也不會寫信給我，也不會有這麼多的同情關懷了。

政治局勢的驟變以及遷居並沒有改變內在的困難。對於我自己的作品，我依舊感到惶惶不安。我很懷念原本應該存在於作者和他的作品的一體性和共同歸屬感。這並不是說我不相信我的研究成果的正確性。我在二十五年前寫作《圖騰與禁忌》（1912）時就已經有了定見，現在更是堅信不疑。自此我就再也不曾懷疑，我們只能依據我們熟悉的精神官能症的模型去理解種種宗教現象，把它們解釋成在人類家庭的上古史裡早已被遺忘卻重要的事件的一再重複。它們的強迫症性格也是源自於此，它們之所以支配人類，也正是因為它們的**歷史**真相成分。我只是懷疑自己是否真的可以用這裡提到的猶太一神教的例子去證明這些命題。就我吹毛求疵的標準而言，這篇關於摩西的研究就像是踮著腳趾保持平衡的女舞者。我若不是在對於出走埃及的神話的分析性詮釋那裡找到證據，進而引用瑟林關於摩西的下場的猜測，這整篇論文就寫不下去了。不管怎樣，讓我大膽提出來吧。

譯注

譯注1：《以賽亞書》42:3。

第一章　歷史前提

（我要先摘述一下我第二篇關於摩西的歷史研究的論文的結論。我不想在這裡批判性地檢討它們，因為接下來的心理學討論正是以它們為前提，也會不斷回頭提到它們。）

那些讓我們感興趣的事件，它們的歷史背景是這樣的：由於第十八王朝的東征西討，埃及變成一個強大的王國。新興的帝國主義也反映在宗教觀念的演變，即便不是整個民族的宗教，而僅限於王室和上層知識階級。由於**太陽城**的太陽神祭司的影響，或許再加上亞洲人的推波助瀾，興起了一個普世神**阿頓**的觀念，祂再也不只是一個國家或一個民族的神而已。年輕的安夢和泰普四世登基為法老，他以宣揚這個神的觀念為職志。他宣布阿頓宗教為國教，這位普世的神也因而成為**獨一的**神；人們關於其他諸神的所有說法都是欺騙和謊言。他堅定不移地拒絕所有巫術思想的誘惑，譴責埃及人特別熱中的關於死後世界的幻想。憑著和後世的科學見解不謀而合的驚人直覺，他認識到太陽照射的能量是地球上所有生命的源泉而敬拜太陽，把它視為他的神的力量象徵。他歌頌世界的創造，自詡生活在「瑪特」（真理和正義）裡。

那是人類歷史上第一個而且或許是最純粹的一神教；如果我們更深入地探究其誕生的歷史和心理條件，應該會有無價的收穫。但是關於阿頓宗教的記載並不多。在**易肯阿頓**的繼任者在位期間，他所創立的一切就已經灰飛煙滅。遭到他鎮壓的祭司階級在他死後大肆反撲，廢除了阿頓宗教。那個被貼上瀆神者的法老的王城遭到摧毀和掠奪，變成了斷垣殘壁。西元前一三五〇年左右，第十八王朝宣告滅亡；經過了一段空位期，大將軍霍倫哈布執政到西元前一三一五年，恢復了埃及的秩序。易肯阿頓的宗教改革看起來只是一段插曲，註定要被人遺忘。

以上是歷史斷定的事實，也是我們的假設性研究的起點。在易肯阿頓的近臣當中，有個可能叫作圖特穆斯（Thothmes）的人，就像當時其他人一樣（注1），——重點不在於名字本身，而是這個名字的字尾原本應該是「-mose」。他位居要津，而且是阿頓宗教的信徒，但是和枯思冥想的法老相反，他勇猛過人而且熱血沸騰。易肯阿頓的謝世以及他的宗教的廢除使得他心灰意冷。他在埃及要麼被罷官，要麼就必須叛教。如果他在邊境省分擔任總督，他應該會接觸到在那裡世居好幾代的閃族人。失望而孤單的他，於是轉向這些外邦人，在他們那裡尋求補償。他選擇他們作為他的族人，試圖在那裡實現他的理想。他和隨從一起率領族人離開埃及以後，以割禮為記號和他們立約，為他們創立律法，對他們宣揚被埃及人拋棄的阿頓宗教的教義。摩西這個人對他的猶太人宣告的律例，或許比他的主上和老師易肯阿頓更加嚴苛，或許他也不再乞靈於**太陽城**的太陽神，雖然該城的人民依舊信仰祂。

我們必須把出走埃及的事件繫年於西元前一三五〇年之後的空位期。接下來經過多久才佔領迦南地，則是特別諱莫如深。依據聖經經文語焉不詳的記載或是憑空杜撰，我們現在的歷史研究可以判別兩個事實。第一個事實是由**瑟林**發現的，也就是說，即使是依據聖經的說法，猶太人也相當冥頑不靈，不服從他們的立法者和領袖，在一次叛變當中打死了他，而就像以前的埃及人一樣，他們也拋棄了他強迫他們接受的阿頓宗教。另一個事實則是由**麥耶**證明的，那就是這些自埃及歸回的猶太人，後來在巴勒斯坦、西乃半島以及阿拉伯半島之間的地區和他們的族人團聚，也就是土地肥沃的**加低斯**，並且在**米甸人**的影響下接受了一個新興宗教，敬拜火山神**雅威**。不久之後，他們便以征服者的姿態入侵迦南地。

這兩個事件之間、以及它們和出走埃及之間的時序關係相當不確定。法老梅內普塔（Merneptah, 在位期間：1225- 1215 BC；一說為：1213-1203 BC）的石碑是最近發現的歷史線索，在關於敘利亞和巴勒斯坦的戰役的記載裡，提到被征服者之一的「以色列」。如果我們把碑文的時間點視為事件的終點（terminus ad quem），那麼自出走埃及開始，整個事件大概有一百年的時間（西元前一三五〇年到一二一五年）。然而「以色列」這個名字有可能還不是指我們要探究其命運的那些部落，而且我們要探討的時間其實更久。後來的猶太人定居在迦南地，當然不是指顧之間的入侵事件，而是一連串的事件，而且歷時更久。假如我們撇開梅內普塔碑文的框架不談，就不難假定摩西的時代大概是一個世代（三十年）（注2），而直到在加低斯團聚，至少經歷了兩個世代或更久（注3）；從加低斯到佔領迦南地的時間間隔則很短；正如前面的論文所說的，猶太人的傳說理所當然地縮短出走埃及和在加低斯創立宗教之間的間隔；我們的說法卻是正好相反。

然而直到現在，我們談的都是歷史的東西，試圖填補我們歷史知識的漏洞，一部分則是重複刊登在《形象》雜誌的第二篇論文。我們在意的是摩西以及表面上因為猶太人叛變而被廢除的教義的下場如何。依據雅威信徒大概在西元前一千年左右的說法（其底本則是更早以前的記載），在加低斯的團聚以及建立宗教是有個讓步，而兩造之間顯然是壁壘分明的。其中一方極力否認雅威是晚近才出現的外來神，並且要族人更加服從祂，而另一方則不願意放棄他們的珍貴記憶，以及那個拯救他們出走埃及的領袖摩西的偉大形象。的確，在改寫猶太人的早期歷史時，他們總算保留了摩西這個人及其事蹟，也至少保存了摩西宗教的外在記號，也就是割禮，或許也堅持盡量不要直呼新的神的名字。如前所述，堅持這些主張的，是摩西的隨從的後代子孫，也就是利未人，他們和摩西當時的族人只隔了一、兩個世代，對於摩西記憶猶新。那些歌頌摩西的記載一般認為是雅威信徒以及後來的厄羅亨信徒撰寫的，它們就像墓碑一樣，底下埋藏著關於早期歷史、摩西宗教的性質、以及謀害摩西的事件的真相，這個真相不能讓後代子孫知道，而必須長眠於地下。而如果我們對於整個事件的猜測是對的，那麼它就一點也不神祕了；但是摩西的插曲也有可能從此在猶太人的歷史裡畫下句點。

奇怪的是情況並非如此，那個民族的大事無遠弗屆的影響到後來終於顯現，經過了好幾個世紀，漸漸浮上檯面。雅威的性格和周遭民族以及部落的諸神應該差別不大；祂必須和祂們角力，就像各個民族之間的干戈擾攘一樣，可是我們可以假設說，當時的雅威信徒並不會想到要懷疑迦南人、摩押人（Moab）、亞瑪力人（Amalek）信仰的諸神的存在，正如他們也不會懷疑信仰那些神的民族的存在。

在**易肯阿頓**的時代一閃而逝的一神論觀念再度黯淡，而且還要沉潛一段時間。在尼羅河第一次氾濫附近的**象島**（Elephantine）出土的文物驚人地證明，若干個世紀以來，有一支猶太軍隊屯紮在當地，他們在神殿裡除了敬拜主神雅胡（Jahu）之外，還供奉了兩位女性神祇，其中一位叫作亞拿雅胡（Anat-Jahu）（譯注1）。這些猶太人當然一直和祖國分隔兩地，也沒有經歷相同的宗教演變；反倒是波斯人的政府（西元前五世紀）把耶路撒冷新的禮儀傳授給他們。（注4）我們上溯到更早的時期，可以確定地說，雅威這個神和摩西的神沒有半點相似之處。阿頓和他在地上的代理人——或者說是他的模型——易肯阿頓法老一樣，都是和平主義者，他的祖先打下的江山風雨飄搖，他卻只是袖手旁觀。對於一個到處攻城掠地的民族而言，雅威和他們當然比較合得來。再說，摩西的神為什麼值得尊敬，也遠遠超出那些原始部落的理解範圍。

如上所述——而其他人的說法也和我一致——猶太教的演變的核心事實在於，雅威神漸漸失去祂自己的性格，而越來越接近摩西原來的神，也就是阿頓。祂們乍看之下固然有淵壤之別，可是那不難解釋。阿頓開始主宰埃及的時候是個太平盛世，而即使王國後來搖搖欲墜，祂的信徒還是會放下塵世的擾攘，讚美他們的造物主並且涵泳其中。

命運讓猶太人經歷了一連串嚴酷的試煉和痛苦的經驗，他們的神變得剛硬、殘酷而陰沉。他依舊擁有普世神的性格，主宰萬邦萬國；但是敬拜祂的信徒從埃及人變成了猶太人之後，就加上了一個說法，認為猶太人是祂的選民，他們特別的義務到頭來會獲得特別的賞報。對於族人而言，既要相信在大能的神裡蒙恩，卻又蒙受苦難的命運，這兩者實在扞格不入。但是他們沒有因此就動搖心志，他們會加深自己的罪惡意識（Schuldbewusstsein）以撲滅對於神的懷疑，或許到頭來會說那都是「不可測度的神意」，就像現在的信徒一樣。如果說人們懷疑為什麼神一再讓暴君出現，奴役虐待祂的人民，例如亞述人、巴比倫人、波斯人，可是所有那些邪惡的敵人到頭來也會被打敗，他們的王國也會煙消雲散，因而讓人認識到神的大能。

在三個重要的方面，後來的猶太人的神和原本的摩西的神同化。第一點也是決定性的一點，祂被真正承認為獨一的神，除了祂以外，人不可能想像有其他的神。整個民族都堅持易肯阿頓的一神論，這個民族緊緊抓著這個觀念不放，把它當作靈性生命的主要內容，而排除了所有其他興趣。人民和領導他們的司祭在這點上意見一致，可是當司祭忙著擴充敬拜祂的禮儀，族人卻掀起強烈的浪潮，意圖恢復摩西關於他的神的兩個教義。先知大聲疾呼說，神厭惡禮儀和祭祀，祂只要求人信仰祂以及一個恪守真理和正義的生活。如果說他們歌頌曠野流浪時的質樸和神聖，那當然是因為摩西的理想的感召。

現在我們要問的是，猶太人關於他們的神的觀念，是否在摩西的感召下才終於定型的，我們不能假定說那是一個橫跨了若干世紀的文明生活自然而然地演變成更高的靈性嗎？就這個可能解開我們所有的謎團的解釋，我想要說明兩點。第一點，它並沒有解釋任何事。同樣的情況並沒有讓才華橫溢的希臘人走向一神教，而是走向百花齊放的多神教以及哲學思考的開端。一神教在埃及發榮滋長，就我們的理解，那是帝國主義的副作用，神只是獨裁統治一個世界帝國的法老的鏡像。而猶太人的政治局勢極為不利於拋開排他性的民族神的觀念而走向一個萬民主宰的觀念。這個弱小的民族怎麼會猖狂到自認為是在上主裡蒙恩的孩子呢？所以說，它其實沒有回答猶太人的一神教的起源問題，或者只能接受時下流行的答案，認為那是該民族裡的宗教天才的主張。我們都知道，天才是難以捉摸而且靠不住的，所以除非所有其他解答都失敗了，我們才會援用這個解釋。（注5）

事實上，猶太人的文獻和歷史記載本身就堅稱——而且這次沒有自相矛盾——，獨一的神的觀念是摩西告訴族人的。如果要反駁這個信誓旦旦的說法的可信性，那會是說，司祭在改寫經文時顯然把太多事情都推到摩西身上了。那些確定屬於後來的時期的條例和禮儀規定，都被說成是摩西的誡命，其意圖昭然若揭，就是要獲得權威性。這就是我們要存疑的原因，但是還不足以拋棄它。因為這個誇大其詞的作法的深層動機相當明顯。司祭的記載是要在他們的當下和摩西的早期時代之間創造一種連續性。他們要否認的正是我們覺得猶太教歷史裡最引人矚目的事實，也就是說，摩西的立法和後來的猶太教之間的裂隙，起初是由服事雅威來填補它，後來才慢慢抹平。他們千方百計要否認這個歷程，儘管那段歷史的正確性是毋庸置疑的，儘管聖經經過了特別的加工，還是有許多敘事可以證明這個史實。這裡的司祭本的修訂，也和那個扭曲經文的意圖很類似，也就是要把雅威這個初來乍到的神變成先祖們的神。考慮到「司祭法典」的這個動機，我們很難不相信其實就是摩西把一神論的觀念告訴他的猶太族人的。而既然我們知道摩西的這個觀念是哪裡來的（猶太司祭們應該都忘了），就更加容易支持這個說法了。

現在可能有人會問，如果我們認為猶太人的一神論是來自於埃及人，那麼我們會有什麼收穫？這個說法只是擱置問題而已；我們對於一神論的起源也就只知道這麼多了。所以我們的回答是，那不是有沒有收穫的問題，而是該怎麼去探究的問題。而如果我們探究事件的真正來龍去脈，或許會有所啟迪。

注釋

注1：就像在阿瑪納遺址發明的雕像一樣。

注2：這個時間也符合聖經經文裡四十年的曠野流浪。

注3：也就是說，摩西（1350-1320 BC 或 1340-1310 BC）、加低斯（1260 BC）、梅內普塔碑文（1216 BC）。

注4：Auerbach, *Wüste und gelobtes Land*, Bd. II, 1936。

注5：莎士比亞和史特拉特福（Stratford）的情況也是如此。

譯注

譯注1：「敘利亞和腓尼基的多產神、愛神和戰神。她是厄勒（Ēl）和亞舍拉（Ashera）的女兒，巴力（Ba'al）的妹妹和情婦。她被稱為『童貞女』、『天國女王和諸神主宰』以及『萬物歸依』。在尼羅河象島的猶太殖民地把亞拿和耶和華（Jahwe-Elōhim）並立。其形象特徵為頭盔、盾牌、戰斧、長矛和雙翼。」（《神話學辭典》，頁35。）

第二章　潛伏期和傳說

於是我們相信，獨一的神，以及以神之名譴責一切巫術祭祀並且強調種種倫理要求，其實是摩西的教義，它起初無人聞問，然而歷經了一段漫長的過渡期，總算風起雲湧並且歷久不衰。那麼我們怎麼解釋這個遲來的作用，到哪裡去尋找類似的現象呢？

接下來我們也想到，這些現象在許多領域裡並不罕見，或許也會以各式各樣比較容易理解的形式出現。我們就以達爾文的演化論這個新興科學理論的命運為例。起初它也是被嗤之以鼻，歷經數十年的激烈辯論，可是它只花了一個世代的時間就被認為是探索真理的一大進步。達爾文自己則獲得安葬（或者是衣冠塚）於西敏寺的殊榮。這樣的例子並沒有辦法為我們釋疑。新的真理總是會喚醒人們群情激憤的反抗。他們會尋找各種論證以駁斥那些討厭的學說的證據，種種意見的相持不下會持續一段日子，一開始正反雙方勢均力敵，但是支持者的數量和勢力會漸漸佔上風。在論戰過程當中，沒有人會忘記他們在吵什麼。整個過程的曠日累時並不會讓我們感到意外，或許我們沒有意識到，那其實是一個群眾心理學的事件。

我們在個體心理學裡不難找到類似的歷程。在這種個案裡，當人聽到一個新事物，而基於若干證據，又不得不承認它是真的；然而那會牴觸他的某些願望，侵犯到他所重視的信念。接著他會猶豫不決，找尋種種理由來反駁這個新事物，而內心又相當掙扎，直到他對自己承認說：儘管我難以接受，儘管我很難相信，但是那畢竟是真的。我們由此只是知道，自我的知性活動需要一段時間才能克服情感強烈的抗拒。然而，這種情況和我們試圖理解的情況並沒有那麼類似。

我們接下來舉的例子看起來和我們的難題更加天差地遠了。有個人看到一場驚人的意外，例如說火車相撞，卻毫髮無傷地離開現場。然而接下來幾個禮拜，他卻漸漸出現一連串嚴重的心理和動作上的症狀，我們只能歸因於那場意外造成的驚嚇或是其他作用。於是他有了一種「創傷性精神官能症」（traumatische Neurose）。這是個難以理解的、聞所未聞的事實。人們把從意外發生到症狀第一次出現之間的那段時間叫作「潛伏期」（Inkubationszeit），顯然是影射傳染病的病理學。我們會事後諸葛地想到，儘管創傷性精神官能症和猶太教的一神論之間有根本的差異，它們還是有個共同點。也就是所謂「潛伏」（Latenz）的特性。我們有理由猜想說，在猶太教的歷史裡，在摩西的宗教被拋棄以後，有很長一段時間是沒有所謂的一神論觀念、譴責祭祀以及強調倫理面向的任何蛛絲馬跡。因此我們認為有可能要在一個特別的心理學情境裡解答我們的問題。

我們一再提到加低斯的事件，後來猶太人的兩個族群團聚並且接受了一個新的宗教。其中以前定居在埃及的族人，他們對於出走埃及以及摩西的形象的回憶歷歷在目，因而要求把這個回憶收錄到早期的歷史記載裡。有些人的爺爺可能認識摩西本人，有些人依舊覺得自己是埃及人而且有埃及名字。然而他們有足夠的動機要壓抑關於其領袖和立法者的下場的回憶。而另一方的主要意圖則是要歌頌新的神並且否認祂是外來的神。雙方都想要否認他們以前有個宗教，也不想記得它的內容。於是他們做成了第一個協議，或許不久就變成了文字記載；來自埃及的族人引進了文字以及歷史書寫的嗜好。可是要很久以後，他們才知道歷史書寫有義務要堅守真相。起初他們會依據當時的需要和意圖去撰寫歷史而不以為意，彷彿完全不知道什麼是偽造歷史。這個情況的結果就是關於同一件事的文字記載和口頭傳說（Tradition）之間出現了一種對立。在文字版本裡被刪除或竄改的，很可能完好無缺地保存在傳說裡。傳說是文字歷史的補遺，同時也和它相互矛盾。它比較不會被扭曲歷史的意圖左右，有些部分甚至完全擺脫這個意圖，因而可能比文字記載更加信實。然而相較於文字記載，它比較難以保存而且不明確，在世代口傳當中也更加容易被改變或扭曲，因而損及了它的可信度。這樣的傳說會有各式各樣的不同結局。其中最可想而知的，就是被文字記載扼殺，沒辦法在它之外堅持下去，漸漸不為人知，到頭來被人遺忘。另一個結局則可能是傳說本身也變成了文字記載，至於其他可能性，我們會在下文提及。

關於我們在探討的猶太教歷史的潛伏期現象，或許可以有個解釋：所謂的正史刻意否認的事實和內容，其實從來都沒有散佚。關於它們的知識一直都在族人保存下來的傳說裡。依據**瑟林**言之鑿鑿的說法，有個關於摩西的下場的傳說，它和正史的說法南轅北轍，而且更接近真相。我們可以假設說，和摩西一起隕歿的其他事物，讓大多數族人如坐針氈的摩西宗教的教義，它們也是如此。然而，在這裡讓我們咋舌的是，這些傳說不僅沒有漸漸減弱，歷經若干世紀之後，反而越來越有說服力，終於被收錄在後來修訂的官方記載裡，進而支配了族人的想法和行為。至於究竟是什麼情況造成這個結局的，我們一開始當然是一頭霧水。

這個事實太匪夷所思了，我們覺得有必要再次思考一下。我們的難題也就那裡面。猶太人放棄了摩西對他們宣揚的阿頓宗教，轉而敬拜另一位神，祂和鄰族的巴力神（Baalim，複數形的神的意思）沒有太大的差別。儘管人們想盡辦法要扭曲它，卻還是無法掩蓋這個可恥的事實。摩西的宗教雖然沒落了，卻還是殘留了蛛絲馬跡，人們保存了對於它的回憶，也許是晦澀費解而意在言外的傳說。這個關於從前的一件大事的傳說一直暗潮起伏，漸漸讓人們心悅誠服，到頭來把雅威變成了摩西的神，使得一百年前創建而又被拋棄的宗教重見天日。一個蟄伏的傳說居然會對一個民族的心理世界產生如此巨大的作用，這的確超乎我們的想像。我們來到了我們不是很熟悉的群眾心理學的領域。我們必須在其他學科裡找尋種種類比，找尋至少性質類似的事實。我認為我們找得到。

在猶太人準備回歸摩西的宗教的那個時代裡，希臘人擁有無比豐富的神族傳說和英雄神話。一般相信**荷馬**的史詩誕生於西元前九世紀或八世紀，其題材便是採擷自這些傳說。就我們現在的心理學觀點而言，我們應該可以早在**席利曼**（Schliemann）（譯注1）和**伊文思**（Evans）（譯注2）之前就提出以下的問題：所有這些傳說題材，**荷馬**和其他偉大的希臘劇作家在其大師作品裡據以改編的傳說題材，它們是打哪裡來的？答案或許應該說：這個民族在其史前時代可能經歷了一個璀璨奪目的文明盛世，接著在一場歷史災難當中隕歿，而在這些神話裡保存了隱晦神祕的傳說。現在的考古學研究也證實了這個猜測，然而如果是在以前，這個說法或許會被認為是鹵莽之舉。這些研究發現了偉大的邁諾斯文明和邁錫尼文明的證據，它們可能在西元前一二五〇年左右落幕。後來的希臘歷史學家對於這段文明幾乎隻字不提。當時有人說，從前克里特人統治了海洋，也提到國王**邁諾斯**（Minos）、他的宮殿和迷宮；但是也僅止於此。（譯注3）除了偉大作家採擷的種種傳說以外，那個偉大的時代業已蕩然無存。

其他民族，日耳曼人、印度人、芬蘭人，也都很熟悉這類的民族史詩。文學史家的工作便是要探究它們是否也在像希臘那樣的條件下誕生的。我相信研究的結果會是肯定的。我們所知道的條件是：有一段早期歷史，它在不久之後就被視為多事之年，是一段重要、偉大而英雄輩出的歷史，卻又世遠年陳，後代的人們只能把它當作語焉不詳而且殘缺不全的傳說。有人會訝異在其後的時代裡居然不再有史詩這個文學形式。其理由或許是史詩的創作條件不再存在了。古老的題材已經用完了，而關於所有後來的事件，歷史記載也取代了傳說。我們這個時代最偉大的英雄事蹟並沒有辦法賦予史詩任何靈感，就連**亞歷山大大帝**也都抱怨說他找不到任何一個**荷**

馬。

洪荒時代的人們喜歡天馬行空而且經常撲朔迷離的幻想。他們往往不滿於現狀——現在也不遑多讓——而緬懷過去，念念不忘這次或許可以證實關於那個黃金年代永不熄滅的夢想。（注1）或許他們依舊沉醉於童年的魔咒，厚古薄今的回憶對他們訴說著一個寧靜的幸福。關於從前的殘缺不全而模糊的回憶，我們把它叫作傳說，對於藝術家特別有吸引力，因為他可以隨著興之所至，自由馳騁幻想，填補記憶裡的漏洞，但憑己意地重建時代的形象。我們幾乎可以說，那些傳說越是影影綽綽，作家就越加稱手。傳說對於文學作品的價值是毋庸置疑的，而它類似於史詩的侷限性也讓我們罕見地假設說，猶太人的摩西傳說使得雅威信仰變成了摩西的宗教。但是就另一個方面而言，這兩者又相當不同。就結果而論，一個是文學作品，另一個則是宗教，對此我們假設說，由於一則傳說的推力，他們忠實地複製了一個宗教，這和史詩當然是不可同日而語的。所以說，我們的難題還是需要找到更貼切的類比。

注釋

注1：麥考利（Macaulay）的《古羅馬時代》（*Days of Ancient Rome*）正是以此為基礎的。他化身為吟遊詩人的角色，感慨當時政治派系的野蠻傾軋，懷念先人的團結和愛好和平。

譯注

譯注1：海因利希・席利曼（Heinrich Schliemann, 1822-1890），德國考古學家。

譯注2：亞瑟・伊文思（Arthur Evans, 1851-1941），英國考古學家，青銅器時代愛琴海文明的研究先驅。

譯注3：見：希羅多德，《歷史》，頁84-85，王以鑄譯，臺灣商務，1997。

第三章　類比

關於我們在猶太教歷史裡認識到的奇特歷程，唯一合理的類比會是在一個看似不相關的領域裡；可是它相當完整，幾乎完全等同。我們在這裡看到一種潛伏期的現象，某些不明所以而難以解釋的現象的浮現，以及被遺忘了的早期經驗境況。我們也在這裡看到了強迫症的特性，它輾壓了邏輯思考，強行闖入心理世界，這個特徵是在史詩的誕生裡看不到的。

我們是在精神病理學（Psychopathologie）、在人們的精神官能症的產生看到這個類比的，也就是說，在一個屬於個體心理學的領域裡，而宗教現象當然是被認為是群眾心理學的一部分。我們會看到，這個類比並沒有乍看下那麼讓人詫異，它其實呼應了一個設準。

有些被遺忘了的早期印象，人們認為對於精神官能症的病因學（Ätiologie）相當重要，那就是種種創傷（Trauma）。精神官能症的病因一般而言到底是不是創傷性的，一直是言人人殊的問題。可想而知，有人會反駁說，精神官能症個案的早期病史裡不一定有明顯的創傷。我們往往只能說，對於所有個體都會面對的經驗和要求，有些人會有不正常的反應，而其他人則是以所謂正常的方式處理和解決它們。當我們只能以遺傳或構造上的特質（Disposition）去解釋時，我們應該都會試著說，精神官能症並不是後天得到的，而是漸漸演化出來的。

然而在這個情況下，有兩件事特別引人矚目。其一，精神官能症的起源總是要溯因到童年的早期印象。（注1）其二，的確有些個案可以說是「創傷性的」，因為其效應顯然要回溯到這個早期生活的強烈印象，它們沒辦法以正常的方式處置，於是我們會研判說，如果不是發生了什麼事，應該就不會產生精神官能症。而現在我們把要找尋的類比限定在這些創傷性的個案，應該就可以滿足我們的目的了。然而這兩種情況之間的差距似乎是沒辦法填補起來的。我們的確有可能用一個觀念統合這兩個病因學的條件；問題只在於我們怎麼定義「創傷性的」。如果我們可以假設說，一個經驗只有因為量的因素才會變成創傷性的，也就是說，如果一個經驗會導致不正常的病理反應，那都是因為個人窮於應付的結果，那麼我們就很容易就會推論說，對於某一種構造而言，它會導致創傷，而在另一種構造那裡則不會有這樣的作用。於是我們得出了一種浮動計算的觀念，即所謂的**互補序列**（Ergängzungsreihe），在其中，兩個因素會共同組合成病因的實現，其中一個因素的正值可以抵銷另一個因素的負值，一般而言，兩個因素會共同起作用，只有在序列的其中一端才有所謂的單一動機。基於這個考量，我們可以撇開創傷性和非創傷性的病因的差別不談，它對於我們要找尋的類比並不是很重要。

儘管有重複之嫌，或許我還是有必要整理一下和我們覺得重要的類比有關的事實如下：我們的研究證明了，我們所謂的精神官能症現象（症狀），是若干經驗和印象的結果，正因如此，我們認為它們是病因性的創傷。現在我們有兩個課題：我們想要按圖索驥地找尋這些經驗以及精神官能症的共同特徵，儘管難免有簡單化之嫌。

我們首先談一談第一個課題：第一點、所有這些創傷都屬於直到五歲為止的幼齡期。孩子牙牙學語時的印象顯得特別有趣；兩歲到四歲期間似乎是最重要的階段；至於自出生之後什麼時候會開始感受到創傷，我們則不是那麼確定。第二點、相關的經驗一般而言都已經完全忘記了，再怎麼也想不起來，它們屬於嬰兒失憶期（Periode der infantilen Amnesie），它往往會被孤立的片段記憶突破，也就是所謂的

「屏隔回憶」（Deckerinnerung）。（譯注1）第三點、它們都是關於性愛以及攻擊性的印象，也和對於自我的早期傷害有關（對於自戀的傷害）。此外還要提一下，這麼小的孩子還沒辦法清楚區分性愛行為以及攻擊行為（把性行為誤解為施虐也在此列）。性愛的因素如此佔上風，當然是相當引人注目而且需要理論性的評估。

這三點——五歲以前的事件、遺忘以及性愛和攻擊的特性——，是環環相扣的。創傷不是自己身體的感受就是感官知覺，大多是所見所聞，也就是經驗或印象。我們可以用一個理論，透過心理分析的工作，找出這三點的相互關係；光是心理分析就可以讓人想起被遺忘的經驗，換個俗氣一點而或許不盡正確的說法，讓被遺忘的經驗重回記憶裡。這個理論就是說，和流行的想法正好相反，人類的性生理現象——或者後來和它對應的事物——很早就來到了巔峰期，接著則是所謂的潛伏期——直到性成熟期——，在那個期間，並沒有進一步的性生理發展，相反的，已經實現的部分大多有退行的現象。關於內生殖器的解剖學研究也證實了這個理論；它讓我們推測說，人類是源自一個五歲就性成熟的物種，並且懷疑說，性生理的推遲以及再度萌芽和人類演化（Menschwerdung，人化〔hominisation〕）的歷史息息相關。人類是唯一有潛伏期以及性生理現象延遲的物種。就我所知，現在還沒有靈長類的研究，如果有的話，對於這個理論的證明應該是不可或缺的。嬰兒期的失憶剛好是早期性生理現象的巔峰期，這對於心理學而言是值得重視的事。或許這個事實正是產生精神官能症的現實條件，在某個意義下，它似乎是人的特權，也是史前時代的殘餘（survival），就像人體結構的若干部分一樣。

第二個課題是，精神官能症的種種現象有什麼共同的性質或特徵？我們在這裡要強調兩點。第一點，創傷有兩種作用，積極和消極的。積極的作用是要重新重視創傷，回憶已經遺忘了的經驗，甚至是要經歷它，重新走過一回，即便它只是早期的情感關係，也想要在另一個人身上重拾類似的關係。我們把這個意圖概括為對於創傷的「固戀」（Fixierung）以及**強迫性重複**（Wiederholungszwang）。這個意圖也會被吸收到所謂正常的自我，而作為一種恆定的傾向，賦予它一個不變的性格特徵，儘管（或者正是職是之故）它的真正原因，它的歷史起源，已經被遺忘了。於是，一個男人雖然忘記了童年對於母親的過度依戀，他會一輩子都在找尋一個可以依賴的女人，一個可以哺育他的女人。一個在幼齡期成為某種性誘惑的對象的女孩子，在其後的性生活裡也會傾向於一再挑起這種侵犯。我們不難猜想，對於精神官能症的理解可以讓我們推論到一般性的性格形成問題。

消極的反應的目的則正好相反；人不想要想起或重複被遺忘了的創傷。我們可以把它們概括為**防衛性反應**（Abwehrreaktionen）。它們的主要表現是所謂的**逃避**（Vermeidung），並且可能升溫成種種**抑制作用**（Hemmungen）和**恐懼症**（Phobien）。這些消極的反應也會左右性格的形成；基本上，正如它們的對手，它們也是對於創傷的固戀，只是方向相反的固戀而已。狹義的精神官能症的症狀是由這兩種基於創傷的渴望組成的讓步，因而時或會有此消彼長的情況。這兩種反應的拉扯會造成一種衝突，而沒辦法以正規的方法弭平。

第二點，所有這些現象，自我的症狀或障礙，以及持續性的性格變化，都有強迫症的特性，也就是說，它們擁有極大的心理強度，而那些配合外在現實世界的要求、服從邏輯思考法則的種種心理歷程，對它們則完全莫可奈何。它們大抵上不受外在現實的左右，不理會外在事物及其心理反應，因而很容易產生激烈的衝突。它們就像是國中之國，一個難以接近的、沒辦法合作的政黨，卻可以打敗另一個所謂「正常」的對手而對它們頤指氣使。若真如此，內在心理世界就會主宰外在現實世界，精神病的道路也從此開啟。就算沒有走到這一步，這個情況的現實意義還是不容小覷。被精神官能症宰制的人們在生活方面的抑制作用和能力缺陷，是人類社會裡相當重要的因素。精神官能症可以說是對於他們過去一個早期階段的固戀的直接表現。

現在我們要問，對於我們的類比而言特別有趣的潛伏期，它又是怎麼回事？緊接著童年時期的精神官能症的發作，會產生童年的創傷，那是伴隨著症狀的形成的防衛意圖。它可能會持續很久，造成種種明顯的障礙，可是也可能會一直潛伏著而被人忽視。一般而言，在這樣的精神官能症裡，防衛的意圖會佔上風；無論如何，自我的改變就像傷疤的形成，它就只會停留在原地。只不過兒童時期的精神官能症很少持續不斷而變成成人的精神官能症。更常見的情況是它會被一段看似沒有任何障礙的發展期中斷，而生理方面的潛伏期的干預也會支持或促成這個歷程。直到後來，精神官能症才搖身一變，明確表現為創傷的推遲作用。那是在進入性成熟期或者更晚一點。原本被防衛機制打敗的驅力，到了性成熟期，因為身體成熟而捲土重來。又或者是防衛機制造成的自我的反應和改變，現在反而阻礙了新的人生課題的解決，於是外在世界的要求和自我的要求（意欲保存在防衛當中辛苦建立的機制）之間產生了嚴重的衝突。所以說，在對於創傷的第一次反應以及後來發病之間的精神官能症的潛伏期現象，應該把它視為典型的現象。疾病也可以被看作一種療癒的意圖，試圖讓因為創傷而四分五裂的自我和其他部分和解，並且團結成一個強大的整體，以應付外在世界。可是這種企圖很少奏效，除非尋求心理分析的協助，而且也不一定成功，而且結局往往是毀滅性的，造成自我的分裂，或者是早期自我當中分裂出來並且一直被創傷宰制的某個部分會因而異軍突起。

如果要說服讀者，恐怕要列舉許多精神官能症病患的人生故事。然而那樣的東拉西扯以及個案的難題恐怕會使這篇論文的性格完全走調。它會變成一篇探討精神官能症學說的論文，而且只對以心理分析的研究和應用為職志的少數人有幫助。由於我在這裡想要對更多的閱聽人講話，所以只能請你們姑且相信這個梗概的說法是對的，我當然也同意說，唯有我的種種推論的理論預設是正確的，你們才會接受它們。

不過，我還是可以試著解釋個別的案例，讓人們清楚認識到上述精神官能症的種種特徵。人們當然沒辦法指望僅憑一個個案就可以證明一切，而如果它的內容和我們找尋的類比相去甚遠，也不必因此就失望。

有個小男孩，就像大多數的中產階級家庭一樣，和父母親睡在同一間臥房，在牙牙學語以前，就一再地、甚至是規律性地察覺到父母親的房事行為，有時候是目睹，更多的時候是聽到了什麼。在他後來的精神官能症裡，也就是在第一次遺精不久之後發病的，睡眠障礙是最早而且最惱人的症狀。他對夜裡的聲音特別敏感，一但醒來就再也睡不著。這個睡眠障礙是個真正的妥協症狀，一方面說明了他在防衛那些夜裡的感覺，一方面又意圖恢復清醒以傾聽那些印象。

男孩由於這些觀察而激起了早期攻擊性的男子氣概，於是開始用手刺激他的小陽具，並且對母親做出各種性挑逗（sexuelle Angriffe），意欲以對於父親的仿同（Identifizierung）取代他的地位。這個現象會持續下去，直到他母親制止他撫摸他的器官，並且威脅要告訴他父親，到時候父親就會閹割掉犯罪的器官以示懲戒。這個閹割的威脅對於男孩造成了極為強烈的創傷作用，他放棄了他的性活動，而且性格也從此丕變。他不再仿同他的父親，反而開始害怕父親，對父親採取一種被動的態度，偶而會故意調皮搗蛋以挑釁父親而遭到體罰。這個體罰對他而言有其性愛的意義，讓他得以仿同被虐待的母親。他越來越膽怯地緊抓著母親不放，宛如一刻都不能沒有她的愛，覺得母親的愛可以保護他對抗父親的閹割威脅。他就以這個戀母情結（Ödipuskomplex）的變型渡過了潛伏期，而免於種種明顯的障礙。他變成了在學校品學兼優的模範男孩。

我們至今探討了創傷的直接作用，也證實了潛伏期的事實存在。性成熟期的到來也會導致外顯的精神官能症，揭露了它的第二個主要症狀，也就是性無能。他對其器官不再有任何感覺，也試著不要碰它，對女人不敢有性接觸的意圖。他的性活動僅限於虐戀幻想的心理自淫，我們不難看出來那是早期目睹父母親性交的結果。在性成熟期越來越強烈的男子氣概會助長他對於父親的忿恨，並且處處和父親作對。他和父親的這個極端的、自我毀滅的、不顧一切的關係，也會導致人生的挫敗以及和外在世界的衝突。他在職場上消極敷衍，因為那是父親要求他從事的工作。他沒有朋友，而且和他的上司處不來。

始終無法擺脫這些症狀以及能力缺陷的他，在父親死後終於找到一個妻子。接著他作為其存在核心的性格特質就一一浮現，也就是那些讓他身邊的人覺得他難以相處的特質。他發展出一個絕對自我中心的、專橫的、殘忍的人格，顯然非要壓迫和傷害別人不可。他完全是父親的複製品，仿照他在記憶裡形成的父親形象；也就是恢復對於父親的仿同，雖然在小男孩的時候是出於性欲的動機。我們在這裡看到被潛抑的事物的**回歸**（die Wiederkehr des Verdrängten），我們說過它是除了創傷的直接作用以及潛伏期的現象之外的精神官能症的基本特徵之一。

注釋

注1：所以說，在從事心理分析研究時，是不能排除這些早期生活的，儘管在許多方面可以這麼做。

譯注

譯注1：或譯為「屏幕記憶」、「表層記憶」、「遮蔽性記憶」，是佛洛伊德的自創詞。見：佛洛伊德《日常生活的心理分析》（*Zur Psychopathologie des Alltagslebens. Über Vergessen, Versprechen, Vergreifen, Aberglaube und Irrtum*,1904）。

第四章　應用

早期的創傷、防衛、潛伏期、精神官能症的發病、被潛抑的事物的部分再現：這是我們就精神官能症患者的演變列出的公式。現在我要請讀者進一步假設說，整個人類的生命和個人的生命其實有著類似的境遇。也就是說，人類也經歷了和性欲以及攻擊性有關的歷程，也留下了恆久的痕跡，儘管大多數被我們拒於門外或是遺忘了，後來在一段很長的潛伏期之後才起作用，並且產生在結構和傾向上都類似於病症的現象。

我想我可以猜到這些歷程，也想要指出，它們類似病症的痕跡正是宗教現象。自演化的觀念橫空出世以來，我們再也不會懷疑，人類有個史前時代，而由於這段歷史不為人知，也就是被遺忘了，所以這個推論差不多就只是個設準（Postulat）的程度而已。如果我們知道說，那些有其作用而被遺忘了的創傷，不管在哪裡，都和人類的家庭生活有關，那麼就應該會把這個認知視為珍貴而意外的禮物，那是前述的討論沒有預期到的。

早在二十五年前，我在拙著《圖騰與禁忌》（*Totem und Tabu*, 1912）裡就已經提出這些主張，我想在這裡只要重述一下就行了。我的構思是以達爾文的一個理論為起點，而且和阿特金森（Atkinson）（譯注1）的猜想有關。這個理論主張說，在史前時代，原始人以一種小群落（Horde）的形式生活，每個群落都由一個強壯的男性統治。我們不知道那個年代有多麼久遠，也沒辦法和我們已知的地質學時期搭接起來，或許那時候的人類語言演變還在雛型階段。這個構想有個重要的假設，也就是說，所有原始人，包括我們的祖先，都經歷了以下要提到的命運。

我會以相當濃縮的方式說故事，那個事實上橫亙了那麼多個世紀、在這段漫長的日子裡重複了無數次的事件，宛若在一彈指間就過去了。強壯的男人是整個群落的主人和父親，他有無限的權力，而且以殘暴的方式為之。所有女性都是他的財產，自己群落裡的女人和女兒，或許也包括自其他群落搶來的女性。至於兒子們的下場則很悲慘；當他們引起父親的妒忌，就會被打死、閹割或放逐。他們以小團體的共同生活為生，到處搶奪女性，其中一個男性或許有辦法攀爬到類似原本群落裡的父親那樣的地位。至於母親寵愛的么兒，由於自然的原因，他就成了一個例外，他得益於父親的漸漸年邁，在父親死後取代他的地位。不管是大兒子們的被放逐，或者是小兒子的優勢地位，我們都可以在傳說和童話故事裡感覺到這些主題的殘響。

接下來可能改變這個第一種「社會」結構的決定性行動應該是：被放逐而且一起生活的兄弟們，聯手制伏了父親，並且依據當時的習俗，把父親生吃下肚。對於這種同類相食的習俗，我們不必大驚小怪，它其實一直持續到相當晚近的時代。然而重點在於，我們所說的這些史前時代人類的感情態度，和我們以心理分析研究在現代的原始民族以及我們的孩子身上證實的並無二致。也就是說，他們不僅僅討厭和害怕父親，也會把他當作榜樣，每個兒子其實都想要取代父親。所以說，同類相食的行為可以被視為試圖吃下父親身體的一部分以保證可以仿同他。

我們不妨假設說，在殺害了父親以後的一段時間裡，兄弟們會爭奪父親的繼承權，每個人都意欲獨佔它。他們都明白兄弟鬩牆既危險而又徒勞無功，又想起從前如何齊心齊力衝破困境，以及在流放期間脣齒相依的情感，於是達成一種協議，一種社會契約。他們選擇**放棄驅力**、承認相互的**義務**，建立特定的制度，宣告為不可侵犯的（神聖的），於是形成了第一個社會組織的形式，也就是道德和法律的開端。而每個人也都放棄奪取父親地位、佔有母親和姊妹的念頭。於是他們有了**亂倫**

禁忌（Inzesttabu）以及**族外通婚**（Exogamie）的誡命。父親死後的權力空缺有一部分轉移到女性身上，接著就來到了母權（Matriarchat）時期。在這個「兄弟會」（Brüderbunde）的時期，對於父親的記憶一直徘徊不去。起初他們也會找個凶猛可怕的動物作為替代物。我們或許會覺得這個選擇很怪異，但是人類後來創造出來的介於人和動物之間的鴻溝，在原始人類或是我們的孩子身上並不存在，我們一直把孩子的動物恐懼症（Tierphobie）（譯注2）理解為對於父親的畏懼。這個對於父親的原始的情感矛盾（Ambivalenz）關係（譯注3），完整地保存在他們和圖騰動物（Totemtier）的關係裡。一方面，圖騰被視為祖先的形體以及氏族的守護神，他們必須敬拜和愛惜它們，另一方面，他們會訂定一個節日，在那天重演那個太初的父親（Urvater）的下場。所有兄弟（盟友）一起動手打死他並且把他吃下肚子（依據史密斯〔Robertson Smith〕說法，那個節日叫作圖騰宴〔Totemmahlzeit, totemic meal〕）（譯注4）。這個盛大的節日其實是在慶祝兒子們聯手戰勝父親。

在這個關係裡，宗教的位置在哪裡？我們可以合理地說，圖騰信仰（Totemismus），敬拜一個父親的替代物，在圖騰宴裡表現出來的對於父親的情感矛盾，紀念儀式，以死亡作為懲罰的禁忌，——這個圖騰信仰，我們可以說，它就是人類歷史裡最早的宗教形式，它也證實了種種社會型態和道德義務之間自太初以來即存在的緊密關係。至於宗教接下來的演變，我們在這裡只能概述之。它和人類文明的進步以及人類共同體的結構的變化無疑是攜手並進的。

圖騰信仰的下一個階段，就是被敬拜的對象的人格化。人性的神取代了動物，卻沒有掩蓋其源自圖騰的事實。神或者是依舊被表現為動物的形象，或者至少擁有動物的臉部，或者是圖騰成了神的侍從而形影不離，或者是神話乾脆讓神打死那隻作為其前身的動物。在整個演變某個難以確定的階段裡，偉大的母神登場，或許早於男性神，在其後很長的一段時間裡，她們一直是配祀的神。在那段期間也發生了重大的社會變革。父權秩序的復辟取代了母權。後來的父親們當然不像太初的父親那麼大權在握，其中有許多人組成比原本的群落更大的團體；他們必須同舟共濟，遵守社會制度的約束。母神的出現或許就是在母權被削弱的時代，以補償被冷落的母親。男性神起初都是偉大的母親的兒子們；直到後來才明確表現出父親的形象。這些多神教（Polytheismus）的男性神也反映了父權時代的情況。祂們為數眾多，相互制衡，偶而會從屬於一個更高的主神。可是接下來的階段就會來到我們在這裡要探討的主題，也就是一個獨一的、權力無限的父神的歸回。

我必須承認，這個歷史概述其實掛一漏萬，而且有許多論點並不是那麼確定。然而如果有人認為我們關於史前時代的說法只是憑空杜撰的，他可能是對於支持這個論證的大量有力證據視而不見。關於從前的種種，它們在這裡交織成一個整體，也有其歷史證據，甚或至今仍然可見其痕跡，諸如母權社會、圖騰信仰以及兄弟會（Männerbünde）。至於其他部分，也保存在為數可觀的複製品裡。於是，有不只一位作者注意到基督教的聖餐禮儀式，也就是讓信徒以象徵性的形式吃下神的血和肉，正是忠實重現了古老的圖騰宴的意義和內容。湮沒在遺忘裡的史前時代的殘渣，都保存在許多民族的傳說和童話裡，而對於兒童心理的分析研究則是填補了我們對於史前時代的知識空缺，獲得出乎意料之外的豐碩成果。若要理解這個重要的父子關係，我只需要引用動物恐懼症、擔心被父親吃掉的奇怪恐懼感、以及害怕被閹割的強烈恐懼為例證就夠了。我們的論證裡並沒有任何虛構之處，每個論點也都有充足的證據。

如果大家認為我們關於史前時代的敘事大抵上可信的話，那麼就應該知道在所有宗教教義和儀式裡都有兩個元素：一方面是對於古老的家族歷史及其殘餘物的固戀，另一方面則是種種往事的重建以及湮沒很久的記憶的恢復。而第二個元素正是我們一直忽略也不明所以的，因此我們應該至少舉一個印象深刻的例子證明一下。

有一點值得特別強調的是，每個從被遺忘的過去恢復的記憶都特別強而有力，並且震撼人心，讓人不得不相信它的真實性，任何邏輯性的反駁都顯得蒼白無力。正如所謂的「因為悖理，所以我相信」（credo quia absurdum）。這個怪異的性格讓人不由得想到思覺失調症病患的妄想症案例。我們早就知道，在妄想裡都潛藏著一部分被遺忘的真相，這些記憶在恢復的時候難免都會遭到扭曲和誤解，而因為妄想而產生的強迫觀念也正是出自這個真相核心，並且擴及於障覆真相的種種虛妄計執。就連這個真相核心，即所謂**歷史**真相，也必須向種種宗教的教義讓步，這些宗教儘管充斥著思覺失調症的症候，但是作為群眾現象，卻一直免於被排拒的詛咒。

在宗教史裡，沒有任何一段歷史像猶太教的建立一神教並且延續到基督教那麼清晰明確，如果我們撇開從動物圖騰到人格化的神及其僕從不談的話，它的演變痕跡同樣沒有間斷而且想當然耳。（話說回來，那四位福音書作者，每個人都有自己最愛的動物。）我們暫且假設法老們的王朝是一神論觀念的外在誘因，就會看到這個觀念如何從它的土地裡萌芽，並且移植到另一個民族那裡，經歷了一段漫長的潛伏期，而一直支配著這個民族，他們視之為最珍貴的財產而呵護它，另一方面，它讓他們以被揀選為傲而存活下來。那是太初父親的宗教，也夾帶著對於賞報、獎勵以及統治世界的期望。猶太人早就放棄了的這個願望幻想（Wunschphantasie，一廂情願的幻想），現在卻依舊盤踞在他們的敵人心裡，相信「錫安長老們」一直在圖謀不軌。我們會在下一章描述這個沿襲自埃及的一神教特性如何對於猶太民族潛移默化，如何塑造民族的恆久性格，也就是放棄巫術和神祕主義，鼓勵他們在屬靈上的進步，並且要求他們不斷昇華，人民相信他們擁有真理而歡喜雀躍，內心充滿著被神揀選的驕傲，重視知識，強調道德，而這個民族的悲劇命運以及對於現實的失望又是如何為這個傾向推波助瀾。然而現在讓我們姑且就另一個角度去探索一下他們的歷史演變。

太初的父親重拾他的歷史權利，那是個重大的進展，但不會是終點。史前時代的另一段歷史悲劇也吵著要獲得承認。我們很難猜想這個歷程是怎麼啟動的。猶太民族，或許是當時的整個文明，他們的罪惡意識似乎越來越強烈，而成了被潛抑的內容回歸的前兆。直到有個猶太人趁著一個政治和宗教煽動者被處決的機會，讓新興的基督教得以和猶太教教義分庭抗禮。**保羅**，一個出生於**大數**（Tarsus）的羅馬猶太人，他探究這個罪惡意識，正確地回溯到它在史前時代的源頭。他把這個源頭叫作「原罪」（Erbsünde），也就是獲罪於神，唯有死亡才能贖罪。因為原罪，世上才有死亡。其實真正罪至於死的，正是謀殺了後來被神格化了的太初父親。可是這個犯行本身被遺忘了，取而代之的是贖罪的想像，這就是為什麼這個想像變成救恩的福音（Evangelium）而被奉為圭臬。無罪的神子被殺死，因而承擔了所有人的罪。（譯注5）那必須是個兒子，因為所犯的是弒父的罪。這個救贖想像的建構，或許也有來自東方和希臘神祕教派的傳說的影響。至於其中最重要的部分，則似乎是保羅自出機杼的想法。他是個擁有真正意義的宗教情操的人；過去的幽微痕跡潛伏在他的心靈裡，隨時都要破繭而出，闖到意識的區域裡。

無罪的救主犧牲自己，顯然是刻意的扭曲而牴觸了邏輯思考，一個沒有犯下殺人罪的人怎麼可以藉由自己的遇害而承擔凶手的罪？在歷史現實裡則沒有這個矛盾。「救主」不是別人，正是主犯，也就是聯手打敗父親的一幫兄弟會的領袖。到底有沒有這樣一個叛軍領袖或首腦，我認為難以確定。儘管有其可能，然而我們也要考慮到，兄弟會裡的每個人當然都想自己下手，也都想要一個特殊的地位，以取代在團體裡被放棄而無人聞問的父親仿同。如果沒有這樣一個首腦存在，那麼基督就是一個一直沒有實現的願望幻想的繼承人，若是有這樣一個領袖，那麼基督就是他的接班人和化身。我們看到的不管是一個幻想或者一個被遺忘的現實的重現，那並不重要，無論如何，這裡正是英雄觀念的源頭，他反叛父親，並且以某個形象殺害了父親（注1）。我們在這裡也找到了戲劇裡的主角「悲劇性的罪」的真正理由，那原本是難以證明的罪。毋庸置疑的是，希臘戲劇裡的主角和合唱隊也是在描寫這種反叛的英雄和兄弟會，而中世紀劇場因為描寫基督受難的故事而再度盛行，也是其來有自的。我們剛才說過，在基督教的聖餐禮儀式裡，信徒吃下救主的血和肉，其實是重現了古老的圖騰宴的內容，當然是在表現其敬拜的渴慕意義下，而不是攻擊性的意義。然而，主導著父子關係的情感矛盾，卻清楚表現在宗教革新的結局裡。原本它是要和父神和解，結果卻是廢黜且趕走了祂。猶太教一直是個父親的宗教，基督教則是一個兒子的宗教。古老的天父隱退到基督身後，兒子基督取代了祂，那正是史前時代的每個兒子心裡覬覦的事。保羅既是猶太教的接班人，卻也成了它的摧毀者。他的成功首先要歸因於他以救贖觀念喚醒了人性裡的罪惡意識，此外也是由於他拋棄了被揀選的族類的觀念以及作為其可見記號的割禮，於是這個新興宗教就得以變成了一個涵攝所有人類的普世宗教。儘管保羅決定這麼做，是為了報復那些反對他的改革的猶太人，卻也因此恢復了阿頓宗教的一個性格，揚棄了它在轉移到一個新的支持者（猶太民族）時沾染上的褊狹心態。

就某些方面而言，相較於更古老的猶太教，這個新興宗教是個文明的倒退，當一個文明程度比較低的一群人入侵或者獲准遷居到古老文明時，就往往會出現這種情況。基督教並沒有遵循猶太教盤旋翱翔的那種靈性高度。它不再是嚴格的一神教，反而從周遭民族那裡沿襲了許多象徵性的儀式，重建母神信仰，以一眼就可以看穿的偽裝，為多神教的諸神創造了空間，儘管是從屬關係的地位。尤有甚者，它不像阿頓宗教及其後的摩西宗教那麼抗拒迷信、巫術和神祕主義的元素的滲透，其結果就是對於此後兩千年的靈性發展造成嚴重的阻礙。

基督教的勝利是安夢的祭司在一千五百年之後再次打敗易肯阿頓的神，並且踏上更廣闊的舞台。然而就被潛抑的事物的回歸而言，基督教意味著宗教史的一個進步，自此以後，猶太教差不多就變成化石了。

我們有必要費心思索一下，一神論的觀念為什麼偏偏讓猶太民族如此印象深刻，並且如此固執地堅持它。我相信這個問題不難回答。命運唆使猶太民族對於作為父親形象的摩西重複了史前時代弒父的英雄事蹟和罪行，因而讓他們更明白那是怎麼回事。那是一場「演出」（Agieren）而不是回憶，我們在分析精神官能症患者會不時發生這個情況。摩西的教義一直在刺激他們喚起記憶，他們的回應則是否認他們的演出，僅止於承認偉大的父親，而不願意像後來的保羅那樣和史前時代接軌。另一個偉人的慘死成了保羅創立一個新興宗教的起點，這絕不是無關緊要或者偶然的事。在猶大地有一個人，他的一小撮追隨者相信他是神的兒子以及應許的彌賽亞，摩西的童年故事後來也轉移到他身上，然而就像摩西一樣，我們對於他其實也所知有限。我們不知道他到底是不是福音書裡描寫的那個偉大的導師，或者說他的重要性其實不在於他的死亡的這個事實和環境。他的使徒保羅其實不認識他本人。

瑟林在傳說裡挖掘到的蛛絲馬跡，說也奇怪，年輕時的**歌德**居然也沒憑沒據地提出這個假設，使得摩西的遭到其猶太族人謀害（注2）成為我們的構想裡的必要元素，而它也是史前時代被遺忘的事件以及其後以一神教形式的重現之間的重要樞紐。（注3）我們忍不住要猜測說，由於他們懊悔害死了摩西，這就成了對於彌賽亞的願望幻想的驅動力，認為他會復臨拯救他的族人，並且應許他們主宰世界。如果說摩西是第一個彌賽亞，那麼基督就成了他的替補和接班人，而保羅也就有理由對他的族人說：「看哪，救主真正降臨了。他真的在你們眼前遇害了。」基督的復活也有一點歷史真實性，因為他是復活的摩西，是史前群落的太初父親的復臨，變容的他以兒子的身分取代了父親的地位。

可憐的猶太人以習慣的頑固繼續否認謀害他們的父親，經歷了這麼多個世紀，他們吃盡了苦頭。他們一再聽到指控說：你們害死了你們的神。而如果我們的詮釋是正確的話，這個指控是有道理的。就宗教史而言，它的意思是說：你們不想**承認**你們謀害了神（神的原型、太初的父親以及他後來的化身）。我們必須再加上一句話：沒錯，我們做了同樣的事，但是我們**承認**它，自此以後，我們就贖罪了。反閃族主義用以迫害猶太人後裔的種種指控，不可能都只是基於一個類似的理由。像許多民族對於猶太人的憎恨這麼強烈而且歷久不衰的現象，當然不會只有一個理由。我們可以猜想有一大串的理由，有些顯然是基於現實的考量而不用解釋，有些則是更深層的、植基於神祕的源頭，我們會視之為特殊的動機。在第一種理由當中最難以成立的是指控他們是外邦人，因為在現在許多流行反閃族主義的地方，猶太人其實是那裡最早的居民，或者至少比現在的居民更早遷入該地。舉例來說，科隆（Köln）就是這樣的城市，早在日耳曼人佔領該地之前，猶太人就隨著羅馬人來到這裡。憎恨猶太人的其他理由則比較說得過去，比如說，猶太人大多是混居在其他民族當中的少數民族，而為了加強群眾的共同體感情，就必須仇視外來的少數民族，而這些遭到排拒的少數民族的種種缺點則更容易招致對他們的壓迫。然而猶太人的另外兩個怪癖卻是難辭其咎。其一是他們在若干方面和他們的「寄主民族」大異其趣。那不是什麼根本的差異，因為他們不是如他們的敵人聲稱的外來亞洲種族，而是大部分由地中海民族的殘部組成的，也繼承了他們的文明。然而他們和北歐民族的差異就特別大，儘管有時候我們說不上來是在哪些方面，而說也奇怪，種族的不寬容在不重要的差別上往往比根本的差異表現得更加強烈。而第二點更是影響深遠。那就是他們抵擋得住所有壓迫（Bedrückungen），再怎麼殘忍的迫害都沒辦法消滅他們。相反的，他們證明有辦法在現實生活裡自力更生，只要有機會，他們也會為所有文明做出有價值的貢獻。

憎恨猶太人的更深層的動機則植基於代遠年湮的過往，它來自民族的潛意識，而如果有人覺得這個動機乍看下難以置信，我也不會意外。我要大膽地說，猶太人說他們是天父的頭生子，蒙恩的孩子，因而招致其他民族的嫉妒而耿耿於懷，彷彿其他民族也相信猶太人的說法似的。其次，在猶太人自認為比其他民族更加秀異的眾多習俗當中，割禮讓其他民族尤其感到厭惡而陰森恐怖。其理由或許是會讓他們想起可怕的閹割威脅以及他們寧可忘記的古老往事。至於最後一個動機則是：我們不要忘了，現在所有仇視猶太人的民族，都是在近代才成為基督徒的，而且往往是挾著血腥的威逼強迫。我們可以說他們都是「不情願地領洗的」（schlecht getauft），在基督教的薄薄一層塗料底下，他們就像其祖先一樣，一直都是野蠻的多神論。他們仍然無法克服對於被迫接受的宗教的憤懣，可是他們把它轉移到基督教的源頭那裡。福音書說了一個在猶太人之間上演的故事，而且是僅止於他們的故事，這使得這個轉移容易得多了。他們的憎恨猶太人，基本上就是憎恨基督教，難怪在納粹黨革命期間，我們在他們對於這兩個一神教的仇恨措施當中清楚看到它們的內在關係。

注釋

注1：瓊斯（Ernest Jones）提醒我說，殺死公牛的密特拉（Mithra）（譯按：見：《神話學辭典》，頁344：「（希臘羅馬）密特拉祕教裡主宰國家秩序、士兵和祕密團體的神。他抓到太初公牛格什烏梵（Gēush Urvan）且殺死他，從公牛的屍體生出所有動物和植物，因而他也成為中保和救世者。」）可能就是在表現這個以其行為著稱的領袖。

大家都知道，密特拉信仰和當時新興的基督教一直在爭論誰是最後贏家。

注2：*Israel in der Wüste,* Bd. 7 der Weimarer Ausgabe, S. 170。

注3：另見：Frazer, *The Golden Bough*, vol. III, The Dying God。

譯注

譯注1：指阿特金森（James Jasper Atkinson）的《原始法則》（*Primal Law,* 1903）。達爾文在《人類原始和性擇》（*The Descent of Man, and Selection in Relation to Sex*）首先提出「原始群落」（primal horde）的說法，認為那是史前人類最簡單的社會形式，阿特金森則認為群落是一種「獨眼巨人式的家庭」（cyclopean family），也就是由一個男性和若干女性組成的，男人在成年以後會被趕出去，另外組成家庭。佛洛伊德在許多著作裡都延續了達爾文的這個理論。

譯注2：另見：Freud, *Vorlesungen zur Einführung in die Psychoanalyse*；《精神分析引論；精神分析新論》，頁376，葉頌壽譯，志文，1985。

譯注3：或譯作「矛盾雙重性」、「愛恨交織」。見：《圖騰與禁忌》。

譯注4：威廉．羅伯森．史密斯（William Robertson Smith, 1846-1894），蘇格蘭東方學家，舊約聖經學家。在每年一次的盛宴裡，人們會獻祭圖騰動物並且由族人分而食之。

見：*Lectures on the Religion of the Semites*, 1889。

譯注5：《哥林多後書》5:21：「神使那無罪的，替我們成為罪，好叫我們在他裡面成為神的義。」《彼得前書》2:24：「他被掛在木頭上，親身擔當了我們的罪，使我們既然在罪上死，就得以在義上活。因他受的鞭傷，你們便得了醫治。」

第五章　難題

我們在上一章或許真的很幸運地在精神官能症的歷程和宗教事件之間建立了類比關係，並且據以指出宗教事件出人意外的源頭。我們在從個體心理學轉移到群眾心理學時，出現了兩個性質和重要性都不同的難題，現在我們必須探討一下。第一個難題在於，我們只有處理內容豐富的宗教現象學的其中一個個案，而沒有考慮到其他情況。我必須遺憾地說，我手上沒有其他樣本，也不具備完成研究所需的專業知識。然而基於有限的知識，我或許可以說，我覺得穆罕默德的宗教是猶太教的縮影，是作為它的摹本而出現的。我們有理由相信說，為了自己及其人民，先知穆罕默德原本是要全盤接收猶太教的。他找回獨一而偉大的太初父親，使得阿拉伯人自信心大增，在整個世界裡所向披靡，卻也使他們疲於奔命。相較於以前的雅威，安拉對祂的選民更加感激。可是這個新興宗教的內在演變沒多久就戛然而止，或許是因為祂少了一個猶太人因為謀害了他們的宗教創立者而造成的坑洞。東方人表面上的理性主義的宗教，本質上是一種祖先崇拜（Ahnenkult），因而也僅止於對於往事的初步重建。如果說我們現在的原始民族真的是以對於一個至高存有者的敬拜為其宗教的唯一內容，那麼我們只能把它理解成宗教演變的停滯，這個現象很類似我們在另一個領域裡證實的許多不成熟的精神官能症個案。這兩者為什麼都戛然而止，我們仍然不得其解。我們應該會認為要歸因於這些民族的個別天性、他們的行為以及整個社會情況的取向。此外，心理分析研究依據規則也只能解釋既存的事實，而不應該試圖解釋還沒有發生的事。

在轉移到群眾心理學時的第二個難題更加重要，因為它指出了一個原則性的新問題，也就是說，在各個民族的生活裡盛行的傳說是以什麼形式存在的，而個人則不會有這個問題，因為往事的記憶痕跡是存在於無意識裡。我們回頭看看早先提到的歷史例證。我們認為在**加低斯**的妥協是奠基於在自埃及歸回的族人之間流傳的重要傳說。這個事實不成問題。依據我們的假設，這樣的傳說是故老相傳的有意識的記憶，而且是兩、三代以前的事而已，他們的祖先參與且見證了相關的事件。可是在接下來的這麼多世紀裡，我們還能相信傳說一直是依據以正常的方式代代相傳的知識嗎？就像前述的例子一樣，我們並不知道是誰保存了這些知識並且口耳相傳的。依據**瑟林**的說法，關於摩西遇害的傳說一直存在於司祭圈裡，直到他們終於形諸文字為止，而那些文字就足以讓**瑟林**自其中探賾索隱。然而那些是少數人知道的事，而不是整個民族的財產，那足以說明傳說有什麼樣的作用嗎？我們可以說，當群眾也聽到這些鮮為人知的事件，也會持續感到震撼嗎？情況可能正好相反，或許不明就裡的人民也和少數人一樣知道相關的事件，因此當有人提到它們的時候，也都跟著附和那些說法。

我們在探討史前時代的類似事件時，會更加難以判斷。經過了數千年，究竟是否存在一個擁有我們熟悉的性格且經歷了那些命運的太初父親，我們當然早就不記得了，而且我們也沒辦法假設存在著關於摩西的口頭傳說。那麼我們要在什麼意義下去思考傳說這種東西？它有可能以什麼形式一直存在著？

為了讓不想也不準備深入思考一個複雜的心理學事實的讀者更容易理解，我想把以下的研究結論擺在開頭。我認為在這點上個人和群眾是幾乎完全一致的，群眾也會在無意識的記憶痕跡裡保存著關於往事的印象。

在個人那裡，我們相信可以看得很清楚。早年經歷的記憶痕跡一直保存在他心裡，只不過是以一種特別的心理狀態。我們可以說，個人一直知道它們的存在，正如我們知道被潛抑的事物的存在一樣。關於那些被遺忘了的、過了一陣子又重見天日的事物，我們建立了不難以心理分析證明的特定觀念。被遺忘了的事物並沒有完全磨滅，而只是「被潛抑了」，它的記憶痕跡也一直歷歷在目，只不過是以「反投注」（Gegenbesetzungen）（譯注1）的方式被隔離而已。它們沒辦法和其他思想歷程交流，它們是無意識的，是意識不得其門而入的。若干部分的被潛抑的事物有可能脫離這個歷程，一直存在於記憶裡，偶而會在意識裡浮現，可是接著就會被隔離，宛如外來物體一般，和心靈的其他部分沒有任何關聯。的確有此可能，但是不必然如此，潛抑作用有可能是完整的，這種情況正是我們要進一步探究的。

被潛抑的內容保有它的浮力（Auftrieb），也就是在意識裡湧現的衝動。在三個條件下，它可以達成其目標：第一，當侵襲另一個所謂的「自我」的病程，或者是一般出現在睡眠狀態下的投注能量（Besetzungsenergien）的重新分配，導致了「反投注」的強度下降；第二，當附著於被潛抑的事物的一部分驅力特別變強，性成熟期的歷程是最好的例子；第三，當在最近的事件裡浮現的印象和感受因為和被潛抑的事物極為相似而喚醒了它。這時候最近的事物就會因為被潛抑的事物的潛伏能量而增強，而被潛抑的事物也會在它後面推波助瀾。但是不管在哪個情況下，被潛抑的事物都不會直截了當地、沒有任何變化地在意識裡浮現，它總是會遭到種種扭曲，這些扭曲證明了源自「反投注」的難以完全克服的阻抗作用，或者是最近經驗的變形影響，或者是兩者皆然。

以前我們會以有意識的和無意識的心理歷程的差別作為辨別方向的路標和立足點。被潛抑的事物是無意識的。現在如果我們反過來說，也就是說，如果「有意識的」（bewusst, bw.）和「無意識的」（unbewusst, ubw.）性質的差別等同於「屬於自我的」和「被潛抑的」性質的差別，那麼問題看起來就簡單得多了。我們心裡有這樣被隔離且無意識的東西存在，這或許是個聞所未聞而且相當重要的事實。其實情況要複雜得多。的確，所有被潛抑的事物都是無意識的，然而屬於自我的事物並不都是有意識的。我們注意到，意識是個轉瞬即逝的性質，它只是暫時附著於一個心理歷程。因此，我們必須暫且以「可以被意識到的」（bewusstseinsfähig）取代「有意識的」（bewusst），並且把這個性質叫作「前意識的」（vorbewusst, vbw.）。接下來我們就可以正確地說，自我基本上是前意識的（幾近於有意識的），然而有些部分的自我卻是無意識的。

這個最後的論點告訴我們說，我們至今探究的種種性質，並不足以讓我們在黑暗的心理世界裡辨別方向。我們必須引進其他的判別標準，它不再是質性的

（qualitativ），而是**地形學的**（topisch）（譯注2），此外它同時也是**發生學的**（genetisch），這使得它特別耐人尋味。我們把心理世界想像成由若干主管機關、管轄區或領域組成的機構，並且在其中區分一個叫作「**自我**」（Ich）的地區以及另一個叫作「**本我**」（Es，或譯為「原我」）的地區。本我是比較舊的地區，自我則是經由外在世界的影響從本我演變出來的，就像樹皮層一樣。我們的種種原始驅力（Trieb）就是以本我為起點，本我裡的所有歷程都是無意識的。正如我們已經提到的，自我和潛意識的區域完全一致，而它有一部分正常來說一直是無意識的。本我裡的心理歷程是依據完全不同的路徑以及交互作用的法則，而和自我大相逕庭。其實，這些差別的發現使得我們有了全新的認知，而且也證實它是正確的。

被潛抑的事物是屬於本我的，也服從於它的種種機制，兩者只有就其發生而言才有差別。這個分化在早期就產生了，也就是自我從本我發展出來的時候。接下來，本我有一部分的內容會被自我吸收，並且提升到前意識狀態，而其他部分則不會轉移，一直留在本我裡，是真正的無意識。然而，在自我不斷的形成當中，自我的若干心理印象和歷程會被防衛程序（Abwehrprozess）拒於門外；它們會喪失前意識的性質，因而再度下沉變成本我的一部分。這就是本我裡的「被潛抑的事物」。

至於這兩個心理領域之間如何交流，我們則是假設說，一方面，本我裡的無意識事件會提高到前意識的層次，並且和自我合併，另一方面，自我裡的前意識也會反其道而行，被調回本我裡。至於後來在自我裡又會劃分出一個特殊的管轄區，也就是「超我」（Über-Ich），則不是我們現在想要探討的。

這些看起來或許一點都不簡單，但是如果我們習慣了用空間的觀點去理解心理構造，那麼這個觀念就不會特別難了。我要再補充一點，我在這裡鋪陳的心理的地形學（Topik）和腦部解剖學無關，其實只有在某個地方沾得上邊。我和別人一樣，都明顯感覺到這個觀念有個缺陷，那是因為我們對於心理歷程的動力學（dynamisch）性質一無所知。我們對自己說，有意識的觀念和前意識的觀念之間，或者前意識的觀念和無意識的觀念之間的差別，只不過是心理能量的改變或者是另一次分配（Verteilung）。我們談到投注（Besetzung）和過度投注（Überbesetzung），可是此外我們欠缺任何知識，也不知道有效的操作性假設要從哪裡著手。關於意識的現象，我們至少可以說它原本是附著於知覺（Wahrnehmung）的。所有經由對於疼痛、觸摸、聲音或視覺刺激的知覺而產生的感覺（Empfindung），大概都是有意識的。思考的歷程，以及在本我裡類似的歷程，它們本身都是無意識的，唯有經由語言的功能和視覺以及聽覺的記憶殘餘串連起來，才會踏進意識。至於沒有語言的動物，情況應該簡單得多。

我們一開始談到的早期創傷的印象，或者是沒有轉移到前意識裡，或者是不久就被潛抑而回到本我的狀態。它們的記憶殘餘因而是無意識的，而在本我裡起作用。我們相信只要它們和自我知覺有關，我們就可以清楚追蹤到它們的下場。然而如果我們注意到，在個人心理起作用的不只是自我知覺的內容，也有可能包括與生俱來的內容，也就是系統發生學的（phylogenetisch）起源部分，一個**古老的遺傳性狀**（die archaische Erbschaft），那麼就會出現另一個複雜的情況。我們會想到一個問題，這些遺傳性狀存在於哪裡，它裡頭包含了什麼，我們怎麼證明它的存在？

第一個且最確定的答案是，就像所有生物一樣，它存在於若干心理特質（Disposition）當中，也就是擁有走上某個發展方向、以特定方式回應某些期待、印象和刺激的能力和傾向。既然經驗證明人類在這方面的個體差異很大，我們的古老遺傳性狀應該也包含這些差異，它們其實表現了個體裡的**體質性**因素。既然所有人至少在早年都會有相同的經驗，那麼他們的反應也應該一樣，所以我們會懷疑是否應該把包含這些反應連同它們的個體排除在古老的遺傳性狀之外。然而這是毋庸置疑的；就算它們很相似，我們也並沒有因此就更加認識古老的遺傳性狀。

然而，心理分析的研究仍然有些結論值得我們省思的。首先是語言象徵的普遍性。用象徵的方式以一物代表另一物——我們的日常事務也都是如此——，對於我們的孩子們而言，是既熟悉而又理所當然的事。我們沒辦法證明他們是怎麼學會的，在許多情況下也必須承認那是學不來的。那是原始的知識，成年人後來把它忘記了。的確，他們也在夢裡使用相同的象徵，可是若非心理分析師對他們進行解析，他們是不會明白的，就算如此，他也不願意相信這個解析。當他使用一個有固定象徵意義的慣用語，他必須承認自己並不明白它的真正意義。象徵甚至可以不理會語言的差異；或許會有研究證明它是無處不在的，所有民族都一樣的。源自語言發展時期的古老遺傳性狀，似乎就是這個情況，可是有人或許也會嘗試另一種解釋。他們或許會說，觀念之間的思考關係正是如此，這些觀念是在語言的歷史發展裡形成的，而在每個人的個體語言發展當中也都要重複一次。它或許就是思考特質的遺傳，正如驅力特質的遺傳一樣，對於我們的難題而言並沒有什麼新的貢獻。

然而心理分析研究還是說明了其他事物，它的重要意義遠超過我們至今探究的東西。我們在研究對於早期創傷的反應時，往往會驚覺那些反應其實沒有完全忠於自己真正的經驗，反而會偏離它，而比較符合一個系統發生的事件的模型，一般而言，也只能就其種種作用去解釋。一個患有精神官能症的孩子，在伊底帕斯情結和閹割情結的作用下，他在和父母親的關係裡有太多這類的反應，就個體而言似乎找不到理由，而必須以系統發生學的角度，就前幾個世代的經驗去理解。我在這裡依據的材料很值得整理並且出版。我覺得它的證據足以讓我進一步大膽主張說，人類的古老遺傳性狀不只有心理特質，更包括種種內容，也就是前幾個世代的經驗的記憶痕跡。如此一來，古老的遺傳性狀的範圍和重要性都會大幅增加。

在反覆思考之後，我必須承認說，我一直認為關於先祖們的經歷的記憶痕跡的遺傳，其實和直接的口耳相傳以及身教的影響無關，這是不成問題的事。當我們說一個古老的傳統在一個民族裡流傳，或者是一個民族性的形成，我心裡想的是經由遺傳的傳統，而不是口耳相傳的。或者至少我沒有區分這兩者，也沒有意識到忽略這個區分是多麼鹵莽的事。現在生物科學不認為後天的性質會傳遞到下一代，這使得情況更尷尬。我必須謙虛地承認，儘管如此，我們的生物演化還是不能缺少這個因素。的確，這兩個情況不盡相同，前者是關於難以捉摸的後天屬性，後者則是關於看得見摸得著的外在世界的印象的記憶痕跡。可是我們或許基本上沒辦法個別地思考它們。如果我們認為這種記憶痕跡持續存在於我們的古老遺傳性狀裡，那麼我們就是在個體心理學和群眾心理學之間的鴻溝搭起了橋樑，以我們治療個人的精神官能症的方式去探討民族的問題。儘管我們必須承認，不管是古老的遺傳性狀裡的記憶痕跡，或者是心理分析工作所喚起的、必須從系統發生學推論出來的殘餘現象，我們至今都沒有充足的證據，但是我覺得現有的證據已經足以讓我們假定有這樣的情況存在。若非如此，我們不管在心理分析或是群眾心理學方面都會寸步難行。這個假定是個不可避免的大膽之舉。

除了這個假定以外，我們還做了別的事。我們填平了以前因為傲慢而在人類和動物之間挖掘的鴻溝。如果說所謂的動物本能（Instinkt）可以讓牠們在新的生存環境裡的行為和在原本熟悉的環境沒什麼兩樣，如果說這個動物本能生活是可以解釋的，那麼只會是說，牠們把牠們物種的經驗置入新的生存環境裡，也就是說，牠們在心裡保存了關於牠們祖先的經驗的記憶。人類這樣的動物基本上也沒什麼兩樣。他們自己的古老遺傳特徵就相當於動物的本能，儘管在範圍和內容上有所有不同。

在這些思考之後，我可以放心地說，人類一直知道——以其特有的方式——，他們以前擁有一個太初父親並且謀害了他。

我們還有兩個問題必須回答。第一，這樣的記憶在什麼條件下會進入古老的遺傳特徵，在什麼情況下，它會活躍起來，也就是說，從它在本我裡的無意識狀態闖入意識，儘管會被改變和扭曲？第一個問題的答案很簡單：如果事件足夠重大，或者重複的頻率夠高，或者兩者皆是。弒父的情況剛好滿足這兩個條件。至於第二個問題，我們要說的是：或許有許多影響是不必知道的，我們也可以設想一種類似於某些精神官能症病程的自然程序。不過，事件在最近的真實重複裡喚醒了被遺忘的記憶痕跡，這當然有其決定性的意義。而謀害摩西就是這類的反覆，其後所謂對於基督的司法謀殺（Justizmord）也是如此，這些事件也走上舞台成為主因。一神教的生成看起來不能沒有這些事件。我們想起了詩人的一句話：「**要在詩歌之中永垂不朽，必須在人世間滅亡。**」（注1）

我想以一段夾雜著一個心理學論證的評論作結。一則僅僅以口耳相傳為基礎的傳說，並沒辦法產生類似宗教現象那樣的強迫性格。就像所有外在的訊息一樣，人們會偶而聽到它、論斷它、接著嗤之以鼻，它沒有任何特權，沒辦法擺脫邏輯思考的約束。它必須經歷潛抑的命運，在無意識裡徘徊逗留，直到它回歸並且產生巨大的效果，使得群眾為它心醉神馳，就像讓我們錯愕不已而百思不得其解的宗教傳說一樣。這個思考相當重要，它讓我們相信說，那些事件真的有如我們不惜詞費地描述的那樣發生過，或者至少有點類似。

注釋

注1：Schiller, *Die Götter Griechenlands*。（譯按：語見席勒《希臘眾神》：「他們回去了，他們也同時帶回／一切至美，一切崇高偉大，／一切生命的音響，一切色彩，／只把沒有靈魂的言語留下。／他們獲救了，擺脫時間的潮流，／在品都斯山頂上面飄蕩；／要在詩歌之中永垂不朽，／必須在人世間滅亡。」〔錢春綺譯〕）

譯注

譯注1：佛洛伊德的術語，其任務為「利用各種抵抗方法，以免潛抑作用之後又有焦慮的發展」。見：《精神分析引論；精神分析新論》，頁386。「Besetzung」也譯作「分配」。

譯注2：「topisch」是「局部」的意思，一般譯為「地形學的」。見：Freud, *Die Traumdeutung*, 1900; *Das Unbewußte*, 1915; *Jenseits des Lustprinzips*, 1920。佛洛伊德借用費希納（G. T. Fechner）的觀念，提出「心理空間」的說法，而不同於「身體空間」。他

的第一個地形學把心理區分成意識、前意識和無意識；第二個地形學則把心理區分成自我、超我和本我。「Topographie」在醫學上叫做「局部解剖學」或「部位記載學」。

第二部

摘要及複述

在發表這篇論文接下來的部分之前，我必須先詳加解釋並且致歉。因為它只是忠實地、偶而會逐字逐句地複述第一部的說法，有些批判性的研究則會擇要說明，並且補述關於猶太民族的特殊性格是如何產生的問題。我知道這樣的寫法既白費力氣又味同嚼蠟。我自己也老實不情願。

那麼我為什麼不刊落浮辭，把它們都略去呢？對我而言，答案不難找到，卻羞於啟齒。我一直沒辦法抹去這個研究不尋常的起源故事的痕跡。

其實它被改寫了兩次。第一次是幾年前在維也納，那時候我覺得這篇論文應該沒有出版的機會。我決定把它擱下，可是它就像孤魂野鬼一樣揮之不去，於是我想到一個辦法，把它拆成兩篇論文，刊登在我們的雜誌《形象》（*Imago*），第一篇是以心理分析為整個研究拉開序幕（《摩西，一個埃及人》），第二篇則是以此為基礎的歷史論證（《如果摩西是個埃及人……》）。至於剩下的部分，或許讓人反感而且有可能惹禍上身，則是把我的理論應用到一神教的生成以及一般性的宗教觀念的問題上，我以為從此要藏諸名山了。一九三八年三月，由於德軍的突襲，我不得遠離家鄉，卻也因此不必擔心我的論文出版會不會使得那裡原本被許可的心理分析遭到當局查禁。我才抵達英國，就無法抵擋把我塵封已久的研究公諸於世的誘惑，於是著手改寫第三篇論文以銜接前兩篇已經刊載的論文。其中局部性的重新整理資料當然是有必要的。然而在第二次修訂的過程中，我沒辦法把所有資料都放進去；另一方面，我也捨不得完全放棄以前的論述，於是我找到一個解套的辦法，那就是把整個第一版的部分原封不動地接在第二版後面，其缺點就是會有大篇幅的重複。

如果說我的研究是史無前例而且意義重大的，不管我的說法是否正確，讓讀者讀兩次應該不算是壞事，想到這裡，我的確感到心安一點。有些事必須反覆重申，再多次都不夠。可是讀者可以自由決定是否要逗留在一個主題或者回頭再思考。我不可以隱藏在同一本書裡重複端出同一道菜的這個事實。可是這麼做的話，我應該會被人批評說我太笨拙了。可惜的是，一個作者的創作力並不一定聽他的意志使喚；作品會憑著自己的意思成長，而往往獨立於作者之外，就像個陌生人一樣駐足在作者對面。

第一章　以色列民族

如果說，我們都心知肚明，我們這種研究方法，也就是把傳說材料去蕪存菁，在它裡面擷取看起來有用的並且剔除不合適的部分，接著依據就心理學而言的可能性把它們拼湊在一起，這種技巧並不能保證找出真相來，那麼我們就有理由質問到底為什麼要這麼做。要回答這個問題，就必須提到結論。如果我們大幅降低歷史和心理研究的嚴格要求，就有可能澄清那些一直值得注意的問題，而由於最近的事件，它們再度闖入我們的眼簾。我們都知道，古代住在地中海盆地的所有民族當中，猶太人或許是唯一就名字或者實體而言持存到現在的民族。它以無與倫比的韌性抵擋所有的不幸事件和虐待，開展出特殊的性格特徵，也意外地遭到所有其他民族的極度厭惡。猶太人的這個求生能力是打哪裡來的，他們的性格和環境有什麼關係，這是我們很想更深入認識的。

我們可以從猶太人的一個性格特徵下手，這個特徵主宰了他們和外邦人的關係。毋庸置疑的，他們自視甚高，覺得自己更珍貴，更高人一等，比外邦人更加優越，因為他們許多的習俗而和其他外邦人格格不入（注1）。這使得他們對於生命有一種特別的信心，就像是祕密珍藏著一個很特別的禮物，一種樂觀主義；宗教人士會說那是對神的信任。

我們知道他們這個態度的理由何在，也知道他們的祕密寶藏是什麼。他們真的認為自己是神的選民，相信自己特別接近神，這使得他們驕傲而滿懷信心。根據可靠的記述，他們在古希臘時代的態度和現在沒什麼兩樣，所以說，猶太人的性格在當時就已經定型了，而雜居其間的希臘人對於猶太人的性格的反應和現在的「宿主」並無二致。有人可能會以為，他們的反應就像是相信以色列自詡的優越性一樣。如果有個人自稱是讓人敬畏的父親的寵兒，那麼他遭到其他兄弟姐妹的嫉妒，也不是什麼意外的事，而人們會因為妒忌而做出什麼樣的事情，關於約瑟和他的兄弟們的猶太人傳說已經講得很明白了。世界歷史接下來的演變似乎也在證明猶太人的傲慢是有道理的，因為神差遣的彌賽亞和救主，也是從猶太民族裡挑選出來的。其他民族或許有理由要說：「的確，他們是對的；他們真的是神的選民。」然而，耶穌基督的救恩只是讓世人對於猶太人的仇恨雪上加霜，猶太人自己也沒有在這第二次的蒙恩裡得到任何好處，因為他們並不承認這個救主。

基於我們剛才的闡述，現在我們可以主張說，為猶太人烙印上這個對於世世代代的他們無比重要的特徵的人正是摩西。他言之鑿鑿地告訴他們說，他們是神的選民，神說他們是聖潔的國民，他們有義務和萬民有分別，因而提高了他們的自信心。這並不是說其他民族就沒有自信心。就像現在一樣，每個民族都覺得自己都比其他民族優秀。可是猶太人從摩西那裡感受到的自信是奠基在宗教上，它成了他們的信仰的一部分。由於他們和神特別緊密的關係，他們也分受了祂的一部分的偉大。而既然我們知道那位揀選猶太人並且把他們從埃及拯救出來的神，在祂背後站著成就這一切的摩西這個人，儘管他聲稱是受神的差遣，那麼我們應該可以大膽地說：創造猶太民族的，是一個叫作摩西的人。這個民族頑強的生命力都要歸功於他，可是他們不管是以前或現在遭遇到的敵意也是拜他之賜。

注釋

注1：在古代，他們經常被誣稱是痲瘋病患（另見：Manetho），其實有一種投射（Projektion）的意思：「我們必須把他們當作痲瘋病患隔離開來。」

第二章　偉人

一個人怎麼有辦法掀起如此石破天驚的波瀾，出身寒微的他怎麼有辦法打造出一個民族，為他們烙印上不可更改的性格，並且決定了他們往後數千年的命運？這樣的假設豈不是回到那種推論出創世神話和英雄崇拜的思考模式，回到歷史寫作僅僅止於記載一個人、統治者或英雄的事蹟的年代？而近代則是傾向於把人類的歷史事件歸因於更加隱晦的、普遍性的、無關個人的因素，歸因於經濟關係不得不然的影響、飲食方式的改變、在原料和工具的使用方面的進步、人口增加和氣候變遷導致的遷徙。在這些因素裡，個人扮演的角色只是群體趨勢的一個指數或樣本，這些趨勢的表現是必然的，它們只是偶然地表現在這個人身上而已。

這些觀點完全合理，可是它們也提醒了我們在我們的思考結構以及世界的構成之間的重大差異。只要每個事件都有個可以證明的原因，我們對於因果法則的專斷需求就可以得到滿足。但是在我們的外在世界裡，這種情況其實很罕見；每個事件似乎都是多重決定的（überdeterminiert），被證實是由若干原因輻輳的結果。面對事件難以估計的複雜結構而望洋興嘆的我們，在探究的時候傾向於找尋事件的相互關係，列舉種種對立，而這些對立原本並不存在，只是因為撕裂了更加全面性的關係才被創造出來的。（注1）所以說，關於我們的特殊案例的研究證明了一個人的影響力可以多麼的突出，就算我們的假設和重視某些普遍性的、無關個人的因素的學說大相逕庭，我們也無須感到不安。基本上兩者都有其空間。就一神教的誕生的問題，我們的確只能指出前述的那些外在因素，也就是說，這個演變和不同民族之間更緊密的關係以及一個強大王朝的建立有關。

因此，我們會在決定性的因果關係的鎖鏈或脈絡裡為這個「偉人」保留一個位置。然而我們究竟是在什麼條件下如此尊稱他的，這或許不是完全無謂的問題。我們或許會驚覺這個問題並沒有那麼容易回答。第一個說法是說，所謂的偉大，是一個人擁有我們重視的所有屬性，這個說法顯然在各個方面都不合適。例如說，美麗和力大無窮，儘管是人人艷羨的，卻說不上是「偉大」。它應該是指心靈的性質，也就是在心理和知性方面的優點。就知性而言，我們或許會懷疑說，一個人在特定領域擁有非凡的技藝，我們不會因此就稱之為偉人，不管是西洋棋大師或是擅長一種樂器的演奏家、傑出的藝術家或是科學家。在這個情況下，我們可以說：他是個偉大的作家、畫家、數學家或物理學家，在某個領域裡的先驅，但是我們不會說他是個偉人。比方說，當我們說歌德、達文西和貝多芬是偉人，除了讚賞其波瀾壯闊的作品以外，必定有其他的原因。就算沒有這些例子，我們也會認為「偉人」應該是指那些有行動力的人，也就是征服者、將領和統治者，用來讚美他們的豐功偉業以及風行草偃的影響力。可是這個定義仍然不夠充分，而且完全不符合我們對於許多卑鄙無恥的人的看法，儘管他們不管在當時或後世的影響力是毋庸置疑的。而成功與否也不應該是偉人的判別標準，如果我們想到許多偉人都是出師未捷身先死的。

因此，目前我們傾向於決定說，要為「偉人」這個概念找到一個明確的定義，那幾乎是白費力氣的事。它只是個用法很鬆散的語詞，人們很隨興地用以形容人的某些特質的重大演變，而和「大小尺寸」（Grösse）這個詞的原始意思很接近。我們也會想起說，讓我們感興趣的問題與其說是偉人的本質是什麼，不如說是他如何影響當時的人們。然而我想就此打住，因為那可能會讓我們離題太遠了。

因此，也許我們都同意說，偉人以兩種方式影響他周圍的人，也就是他的人格以及他投身其中的理念。這個理念或者是強調群眾的古老願望，或者是為他們指出另一個願望目標，或者以其他方法吸引群眾。有時候——而這當然也是最原始的作用——僅僅是人格本身就足以澄清天下，而理念只是個配角。偉人為什麼可以呼風喚雨，那是沒有疑問的事。我們知道群眾都強烈渴望一個權威，一個可以欣羨而臣服的權威，這個權威會主宰他們，甚或會虐待他們。我們在個體心理學裡認識到群眾的需求的起源。那是對於父親的渴望，每個人自孩提以來在心裡都有這個渴望，那個父親也正是傳說裡的英雄誇耀打敗的對象。現在我們漸漸明白，我們賦予偉人的所有特徵，其實都是父親的特徵，而我們遍尋不著的偉人的本質，也就存在於這個一致性當中。思慮的果斷，意志的堅定，行動的衝勁，都是屬於父親的形象，尤其是偉人的抗志不屈，獨立自主，神而明之地成竹在胸，有時候會變得肆無忌憚。人們應該都會讚嘆他，可以信賴他，可是也可能會不由自主地畏懼他。我們應該從這個字眼本身就知道這點；在童年的時候，除了父親以外還有誰會是「偉人」（大人）？

摩西無疑是以父親的形象屈抑俯就地對猶太奴工說他們是他摯愛的孩子。而一個獨一的、永恆的、大能的神的觀念，也應該會讓他們感到同樣的震撼，這個神認為他們值得和祂立約，而且應許照顧他們，只要他們盡心盡意盡性地敬拜祂。或許他們覺得難以區分摩西的形象以及神的形象，而且他們的直覺是對的，因為摩西可能把自己的某些特徵嵌進他的神的性格裡，例如他的暴躁易怒和執拗頑固。而如果說他們有一天打死了他們的這位偉人，那也只是重複一個罪行，那是在史前時代用來懲罰神聖的國王的律法，而我們也知道它要追溯到一個更古老的原型。（注2）

如果說我們心裡的偉人形象擴大成神的形象，那麼我們也會想到這個父親以前也是個國王。依據我們的闡述，摩西所提倡的偉大的宗教理念並不是他自出機杼的，而是沿襲自他的國王易肯阿頓。這位國王的偉大之處無疑在於他所創立的宗教，而他或許是從母親那裡或是其他地方——來自近東或是遠東——得到啟發的。

我們追蹤得到的線索就只能到此為止了，但是如果我們至今的認識是對的話，那麼一神論的觀念就必須以回力鏢的方式回溯到它的發源地。要確認一個人對於一個新觀念的貢獻有多大，那似乎是白費工夫的事。一個觀念的開展顯然是許多人齊心協力的貢獻。另一方面，如果我們切斷它和摩西的因果關係鏈，忽略了踵繼他的猶太先知們的事蹟，顯然也有失偏頗。一神論的種子在埃及並沒有萌芽。在以色列人終於擺脫了那個既討厭又自以為是的宗教之後，它原本也可能會胎死腹中。但是猶太民族裡總是有人前仆後繼，把漸漸褪色的傳說刮垢磨光，重申摩西的勸誡和要求，孜孜矻矻地意圖重建已經湮沒了的理想。經過數個世紀的奔走以及在巴比倫囚虜時期之前和之後兩次重大的宗教改革，使得民間神明雅威搖身一變成為摩西要求猶太人敬拜的那位神。而這也證明了那些變成了猶太民族的群眾有一種特殊的心理能力，它使得許多人為了成為選民或類似的賞報而願意扛起摩西宗教的重擔。

注釋

注1：然而我要回應一個可能的誤解，我並不是說，世界太複雜了，任何主張至少都會說中一部分的真相。不是的，我們的思考可以自由虛構出在實在界裡沒有任何對應的種種依存性（Abhängigkeiten）和相互關係，並且顯然對於這個天賦相當自豪，因為它不管是在科學裡面或外面都被人大量使用。

注2：Frazer, loc. cit., p. 192。

第三章　靈性的進步

對人民保證說他們是神的選民，這樣顯然不足以在一個民族裡產生持久的心理作用。如果要人們相信這個保證，並且從這個信仰推論出種種主張，那麼就要先證明這個保證。在摩西的宗教裡，出走埃及就是證據；神或者以神為名的摩西不厭其煩地提及這個蒙恩的證據。他們訂定了逾越節，讓人們記得這個事件，或者說把這個記憶內容充填到一個古老的節日裡（譯注1）。然而它畢竟只是一個回憶。出走埃及只是一件漸漸塵封的往事。現在神的恩典幾不可見，以色列民族的命運反而是暗示著他們不再被神悅納。原始民族習慣把諸神趕下台甚或懲罰祂們，如果諸神沒有履行義務，賜予他們勝利、財富或幸福的話。每個時代的國王的遭遇也和諸神沒什麼兩樣；這裡證明了他們的古老同一性，也就是說，他們有相同的根源。近代的民族也會廢黜他們的國王，只要他們的王朝因為戰敗以及割地賠款而風雨飄搖的話。可是為什麼以色列人民的神越是視他們如草芥，他們卻越加卑躬屈膝地追隨祂？這個問題我們必須暫且擱下。

這或許會讓我們想知道，摩西的宗教對人民的貢獻究竟是否僅止於讓他們意識到自己是被揀選的，因而增加他們的自信心？接下來的部分的確不容易探究。摩西的宗教的確告訴猶太人一個更加威靈顯赫的神的觀念，或者直白一點地說，一個更加偉大的神的觀念。任何相信這個神的人，都會分受祂的偉大，可以感覺到自己被舉揚。對於不信神的人而言，就沒有那麼理所當然了，可是或許我們可以打個比方以幫助理解，假設一個英國人趾高氣昂地來到一個叛亂頻仍而局勢不安的國家，一個蕞爾小國的人民當然不會有這樣的心情。這個英國人自信滿滿地認為，只要人膽敢動他一根寒毛，他的**政府**就會派遣軍艦過來，而叛軍也自知只是個小國，連一艘戰艦都沒有。所以說，他對於偉大的**大英帝國**感到驕傲，那是因為一個英國國民享有更多的安全感和保護。一個偉大的神的觀念也是如此，而且由於人不敢妄自干預神對於世界的治理，所以他既對於神的偉大感到驕傲，也因為被神揀選而喜出望外。

在摩西的宗教的教義裡，有個教義乍看下特別重要。那就是禁止為神造偶像，那意味著他們被迫要敬拜一個不可見的神。我們猜想在這個方面，摩西比易肯阿頓的宗教更加激進；或許他只是想要一以貫之，他的神既沒有名字也沒有面容。這個誡命或許是要重新杜絕巫術的惡習。可是如果人們接受了這個誡命，就會產生一個深遠的影響，因為那意味著貶抑感官知覺而重視抽象的理念，那意味著靈性戰勝了感官，嚴格說來，那是一種驅力的放棄（Triebverzicht），而且有其心理上必然的後果。

為了讓這個乍看來不明所以的說法更加可信，我們必須回想一下人類文明演變裡性格類似的歷程，最早的歷程，或許也是最重要的時期，已經湮沒在影影綽綽的史前時代裡。它讓人咋舌的種種影響使我們不得不承認它的存在。不管是我們的孩子、罹患精神官能症的成年人或者是原始民族，我們都可以看到一種心理現象，以前我們把它叫作「念力」（Allmacht der Gedanken）的信仰（譯注2）。依據我們的判斷，那是高估了我們的心理力量（這裡是思想的力量）對於外在世界的影響力。作為我們的科技的前身，所有巫術基本上都是以這個預設為基礎的。所有咒語也在此列，也就是相信只要掌握了關於名字的知識以及念法，就掌握了力量。我們猜想「念力」是在表現人類對於語言的發展感到的驕傲，這個發展也大幅提升了思想的能力。而一個新的靈性領域也於焉開啟，相對於和直接感官知覺有關的低等心理能力，觀念、回憶和推論程序變成了關鍵因素。在人類演化的道路上，這當然是個極為重要的階段。

其後的另一段歷程則又更加明確了。由於其他外在因素的影響（我們在此不必深究，而且有一部分也不是很清楚），父權社會結構取代了母權社會結構，當然也導致了至今的權利關係的翻轉。我們在**埃斯庫羅斯**（Aeschylus）的《奧瑞斯提亞三部曲》（*Oresteia*）裡仍然可以聽到這場革命的殘響（譯注3）。然而，這個從母親到父親的翻轉也意味著靈性戰勝感官，也就是文明的進步，因為母權是由感官證明的，而父權則是個假設，建立在推論和前提之上。擁護思考程序而貶抑感官知覺，其實是影響重大的一步。

在上述的兩種情況中間的某個時期，也會出現另一個事件，它和我們在宗教史裡探究的現象很類似。人們會不由自主地接收到「靈性的」力量，那是他沒辦法以感官把握到的（尤其是看不到的）、卻又不可置疑的、甚至極為強烈的作用。如果我們可以信任語言的見證的話，那是吹拂的氣息，它是靈性的模型，因為「靈」就是借用「氣息」這個語詞的（拉丁文的「animus」、「spiritus」，希伯來文的「ruah」，都是氣息的意思）。因此，靈魂也被說成是一個人的靈性原理。我們也在人的呼吸那裡觀察到氣息的流動，人死了就不再有出入息；直到現在，我們還會說一個瀕死的人「嚥下他的最後一口氣」。現在，靈的國度對人敞開；人在自己身上發現了靈魂，因而也相信自然萬物也應該都有靈魂。整個世界都被賦予了靈魂（beseelen），而晚近的科學則是極力要證明沒有靈魂這種東西（entseelen，原指靈魂脫離軀體），直到現在都還沒完沒了。

由於摩西的誡命，神被舉揚到一個更高的靈性層次，也為神的觀念接下來的種種改變鋪了路，我們會在下文談到這些改變。不過我們可以先探討一下另一個影響。所有這些靈性的進步，都有助於提高人的自信心，讓他們感到驕傲，乃至於覺得自己比其他耽溺於感官魔咒的人更加優越。我們知道摩西告訴猶太人說他們是神的選民而使他們感到驕傲；由於神的去物質化（Entmaterialisierung），這個民族又多了一個珍貴而神祕的寶藏。猶太人堅持他們對於靈性的興趣。民族在政治上的阢隉不安教導了他們要珍惜他們僅剩的財產，那就是他們的文字記錄。在提多（Titus）拆毀了耶路撒冷的聖殿不久之後（譯注4），拉比若望（Jochanan ben Sakkai, Yohanan ben Zakkai）請求准許在亞夫尼（Jabne, Yavne）建立第一所妥拉學校。自此以後，希伯來聖經和關於它的研究就一直維繫著這個離散的民族。

這些都是眾所周知並且接受的事。我只想補充一點說，這整個猶太人特有的發展，其實是肇始自摩西禁止以可見形式敬拜神的誡命。

猶太人兩千年來在屬靈事工上的優先地位，當然有其作用；它有助於防堵逞凶鬥狠的傾向，那是尚武的民族常見的習性。像希臘人那樣均衡培養心靈和身體能力，在猶太人那裡是行不通的。在衝突拉扯的情況下，他們至少選擇了比較重要的東西。

譯注

譯注1：現代學者認為逾越節是早在脫離埃及以前就存在於部落裡的驅邪節日。

譯注2：或直譯作「思想的全能」。見：*Totem und Tabu*, 1912-13（《圖騰與禁忌》，頁110，志文，1975）。另見：*Jenseits des Lustprinzips*, 1920。

譯注3：《奧瑞斯提亞三部曲》講述希臘大軍統帥阿加曼農（Agamemnon）從特洛伊帶著戰利品卡珊德拉（Cassandra）凱旋回到阿哥斯（Argos），被王后克呂提涅斯特拉（Clytemnestra）及其情夫艾吉斯圖斯（Aegisthus）設計害死並且篡奪王位，被母后放逐多年的奧瑞斯提斯（Orestes）在阿波羅的協助下回到阿哥斯手刃母親及其情夫。母親的亡魂請求復仇女神追殺奧瑞斯提斯，他一路逃到德爾斐神廟，請

求太陽神滌除弒母之罪。最後雙方在雅典娜的調停之下解決了糾紛而恢復秩序。見：《希臘悲劇之父全集一：阿伽門農、奠酒人、和善女神》，張熾恆譯，書林，2008。

譯注4：西元七十年猶太教曆的亞布月（十一月）九日，羅馬大軍摧毀了猶太聖殿，大肆燒殺擄掠。後來這一天就被訂為「聖殿被毀日」，聖殿殘餘的西牆也被叫做哭牆。

第四章　放棄驅力

靈性的進步，以及對於感性的貶抑，為什麼會提高一個人的自信心，這並不是那麼想當然耳或一目了然的事。這似乎預設了特定的價值判準，以及使用這個判準的人或相關單位。為了方便解釋，我們要引用一個已經證實的個體心理學的類似情況。

如果說本我在一個人心裡提出愛欲或攻擊性的驅力要求，那麼對於支配著思考和肌肉系統的自我而言，最簡單且自然的回應方式就是以行動滿足它。這個驅力的滿足會讓自我感到快樂（Lust），而驅力沒有得到滿足，無疑就是不愉快（Unlust）的來源。現在，自我有可能因為外在的阻礙而放棄滿足驅力，也就是說，當他看出來相關的行動可能會對於自我造成嚴重的危害。這種滿足的抑制，由於外在阻礙而造成的驅力的放棄，正如我們所說的服從現實性原則（Realitätsprinzip），那絕對不是什麼開心的事。驅力的放棄會導致持續不斷的快快不樂的衝突，如果沒辦法透過能量轉移（Energieverschiebung）降低驅力強度的話。然而我們也可能因為其他所謂

內在的理由而不得不放棄驅力。在個體發展的過程中，會有一部分外在抑制作用的力量被內化，在自我心裡形成一個權威機關，以觀察、批判和禁止的方式和其他力量對立。我們把這個權威機關叫作「超我」。從現在起，自我在滿足本我要求的驅力之前，既要考慮到外在世界的危險，也要顧及超我的抗議，因而有更多放棄滿足驅力的理由。雖說基於外在理由的放棄驅力是不愉快的事，而如果是基於內在理由，也就是服從超我，則會有另一種經濟（ökonomisch）效應。除了不可避免的痛苦以外，它還會讓自我獲得一種快樂，彷彿是一種替代性滿足（Ersatzbefriedigung）。自我覺得被舉揚，它對於放棄驅力感到驕傲，覺得那是一種有價值的成就。我想我們可以理解這種獲得快樂的機制。超我是父母親（教育者）的繼任者和代表，父母親在個人的第一個人生階段裡監視他的行為；而超我則是蕭規曹隨，幾乎原封不動地沿襲這個功能。它要自我持續依賴它，對自我持續施壓。自我就像在孩提一樣患得患失，擔心會失去主人的愛，覺得主人的認可是一種解脫和滿足，而主人的責罵則會讓它悔恨不已。當自我把驅力的放棄當作獻給超我的祭品，它就會指望得到回報，也就是得到超我更多的愛。當它意識到獲得了這個愛，就會感到驕傲。在權威還沒有內化為超我的時代裡，被威脅會喪失愛以及放棄驅力之間的關係應該也是如此。如果一個人因為對於父母親的愛而放棄驅力，那就會生起一種安全和滿足的感覺。而直到權威變成了自我的一部分，這個美好的感覺才會表現出奇特的自戀（narzisstisch）驕傲性格。

人憑藉著放棄驅力而獲得滿足，這個解釋是否有助於我們理解正在探討的歷程，也就是隨著靈性的提升而增加自信心？顯然是沒什麼幫助，因為這裡的情況完全不同。它的重點不在於驅力的放棄，也沒有要獻祭以取悅的第二個人或權威機關。而第二個說法等一下就會顯得很可疑。我們可以說，偉人正是人們要服事的權威，而由於偉人又很類似父親，我們也就不會訝異他在群眾心理學裡扮演超我的角色。摩西和猶太民族之間的關係也是如此。然而另一點似乎就不宜作此類比。靈性的進步是在於人們選擇所謂更高層次的知性歷程而放棄直接的感官知覺，也就是回憶、思慮和推論。例如說，人們認為父權比母權重要，儘管它不像母權那樣可以由感官證據加以證明。因此孩子必須從父姓並且克紹箕裘。或者說：我們的神是至大至強的，儘管祂就像颶風和靈魂一樣不可見。而悖離愛欲和攻擊性的驅力要求則完全是另一回事。在某些靈性的進步那裡，比方說父權的勝利，我們沒辦法證明有個可以規定優劣取捨的標準的權威。那個權威不會是父親，因為他是因為進步才被拔擢成為權威的。我們看到的現象是：在人類的演變當中，靈性漸漸戰勝感性，這個進步使人感到驕傲而優越。可是人們說不上來為什麼會這樣。接著靈性本身又被信仰的神祕莫測的情緒現象打敗。那就是著名的「因為悖理，所以我相信」（Credo quia absurdum），而做得到這點的人，則會被視為一個至高的成就。或許所有這些心理境況的共同點不在這裡。或許人們只是宣稱說，至高成就是更難以得到的東西，而他之所以為此感到驕傲，只是因為意識到自己克服了重重艱難而更加自戀。

這些闡述當然不會有多少收穫，人們或許會認為它們和我們關於猶太民族性格的研究風馬牛不相及。或許對我們而言只有一個用處，不過要直到我們以下更詳盡的研究，才會證明它和我們的難題有關。以禁止為神造偶像作為起點的宗教，歷經了若干世紀的演變，漸漸成為放棄驅力的宗教。它原本並不是要求禁欲，認為只要限制性愛自由就夠了。然而，神卻完全脫離了性愛，被舉揚到一個道德完美的理想。先知們煞費苦心地提醒人們，神只要求祂的人民的生活要有正義和德性，也就是放棄所有驅力的滿足，就算現在的我們也會認為那些驅力是放蕩墮落的。而就連要人們信神的呼聲也不及這個一本正經的道德主張。因此，放棄驅力似乎在宗教裡扮演要角，儘管它一開始並沒有上場。

不過，為了避免誤解，我在這裡要聲明一下。放棄驅力以及以它為基礎的倫理要求，儘管似乎不屬於宗教的本質內容，就其起源而言，卻是和宗教息息相關。圖騰信仰是我們所知的第一個宗教形式，它包含了許多律法和禁忌，那些是其體系不可或缺的部分，其意義不外乎放棄驅力；而圖騰崇拜本身包含了不准傷害或殺死圖騰動物的禁忌；族外通婚的規定則是要放棄佔有一直覬覦的母親和姊妹（譯注1）。兄弟會裡的所有成員都擁有同等的權利，也就是限制他們以暴易暴的傾向。我們在這些規定裡看到了倫理秩序和社會秩序的嚆矢。我們也注意到這裡有兩個不同的動機。前面兩個禁忌和被殺死的父親有關，彷彿是要延續他的意志；至於第三個誡命，也就是兄弟之間的權利平等，則是放棄了父親的意志，因為他們必須永久維繫在父親死後建立的新秩序，不然就不可避免地要退墮到從前的狀態。在這裡，社會性的誡命脫離了其他可以說直接源自宗教關係的誡命。

在具體而微的個人發展當中，這個歷程的基本元素會再度上場。在這裡，父母親的權威，基本上就是獨裁的、以懲罰的權力作為威脅的父親的權威，他迫使孩子放棄驅力，並且規定什麼是准許的、什麼是禁止的。後來社會和超我取代了父母親的地位，孩子所謂的「乖」或「淘氣」就變成了「善」和「惡」，品行端正或邪惡墮落，只不過是換湯不換藥，也就是在那個取代和踵繼父親的權威壓力下放棄了驅力。

如果我們探究一下「神聖性」這個奇怪的概念，應該會更深入理解這些看法。相較於我們認為重要而意義非凡的其他事物，什麼是真正顯得「神聖的」？一方面，神聖和宗教的關係是確定無疑的，顯而易見的，人們不厭其煩地強調這點；所有宗教的東西都是神聖的，這就是神聖性的核心。另一方面，許多其他和宗教沒什麼關係的事物、人、機構和程序，也都試圖主張擁有神聖的性格，因而混淆了我們的判斷。如此煞費苦心顯然是有特定意圖的。我們想要從和神聖事物息息相關的禁忌性格下手。神聖事物顯然是不可以觸摸的。神聖的禁忌有強烈的情感因素，可是其實並沒有什麼理性的根據。例如說，為什麼相較於其他性行為，和女兒或姊妹亂倫是特別的重罪？如果問及理由，我們應該會聽到他們說因為所有人都會覺得反感。可是那只是意味著人們對於這個禁忌只知其然而不知其所以然。

我們不難證明這類的解釋有多麼空疏寡實。在埃及王室和其他民族裡都存在的習俗，我們可以說是一種神聖的習俗，一般都被認為冒犯了我們最神聖的感覺。當然，法老第一個而且最尊貴的王后就是他的姊妹，而後來繼任的法老以及希臘的托勒密王朝也不假思索地以此為模範。就我們所知，亂倫——在這裡是兄弟姊妹之間——是個一般凡人被禁止的特權，只有代表諸神的國王才享有這個特權，希臘神話和日耳曼神話世界裡也不乏這類亂倫的關係。我們可以猜測說，我們貴族戒慎恐懼地謹守門當戶對的要求，其實就是這個古老的特權的殘餘物，於是可以確認說，社會上層階級在經歷了這麼多世代的近親繁殖之後，整個歐洲就只是由兩個家族成員組成的。

關於諸神、國王和英雄的亂倫的指涉，有助於我們解決另一個就生物學角度去解釋對於亂倫的恐懼的嘗試，也就是把它歸因於隱隱感覺到近親繁殖可能造成的危害。可是我們並不確定近親繁殖會造成什麼樣的危害，更不確定原始民族是否知道其危害而抵制之。在定義什麼關係是許可的、什麼是禁忌的時候的不確定性，同樣足以推翻認為厭惡亂倫的原始基礎在於「自然感情」的假設。

我們關於史前時代的論證使我們不得不提出另一個解釋。族外通婚的誡命是對於亂倫的恐懼的負面表現形式，它是父親的意志，並且在謀害了父親以後延續了這個意志。它的好惡情感的強度以及欠缺理性的根據，也就是它的神聖性，正是奠基於此。我們可以信心滿滿地說，關於所有其他神聖禁忌的研究，結果都會和對於亂倫的恐懼的情況一樣，神聖事物原本都只是在延續太初父親的意志。而我們也可以據此解釋用以表述神聖性概念的語詞至今不明所以的歧義性。而這個歧義性更是充斥在和父親的整個關係裡。「sacer」不只是指「神聖的」、「祝聖的」，它還有其他意思，我們只能翻譯成「腐化的」、「可鄙的」（好比說「auri sacra fames」，財迷心竅的意思）（譯注2）。然而父親的意志不僅僅是不可以觸摸的，要必恭必敬地恪遵的，它也是讓人恐懼顫慄的東西，因為它要求人忍痛放棄驅力。當我們聽到摩西引進割禮而使他的人民「聖潔」，現在我們明白了這個主張的深意。割禮是閹割的象徵性替代物，那是太初父親為了展現他的大能而對兒子們施加的懲罰，只要人們接受這個象徵，就是心甘情願地臣服於父親的意志，即便要忍痛獻上供物。

我們回到倫理的問題，可以總結地說：有一部分的倫理規範，我們或許可以理性地解釋為在團體相對於個人、個人相對於團體、以及個人之間劃定權利界限的必要性。但是有些看起來崖岸自高的、諱莫如深的、就神祕教派而言理所當然的倫理規範，它們的這個性格其實是和宗教有關，也就是源自父親的意志。

譯注

譯注1：見：*Totem und Tabu*（《圖騰與崇拜》，頁13-30）。

譯注2：「auri sacra fames」，直譯為「可咒的（sacra）黃金慾」，見：Virgil, *The Aeneid* 3:54：「他破壞了一切正義的律例，謀害了波律多拉斯（Polydorus），奪去了那黃金；那可咒的黃金慾驅使一個人無所不用其極。」（味吉爾，《伊尼亞斯逃亡記》，頁65，曹鴻昭譯，聯經，1990。）

第五章　宗教的真相

在沒有什麼信仰的我們眼裡，那些對於至高者的存在深信不疑的科學家，真是讓人羨慕啊！對於這個偉大的靈而言，世界沒有任何難題，因為整個世界的裝置都是祂創造出來的。相較於我們腸枯思竭的、貧乏的、支離破碎的解釋，信徒們的教義真是完備、詳盡而確定無疑！聖靈本身就是道德完美的理想，祂在人類心裡植入了關於這個理想的知識以及效法這個理想的渴望。人們直接感受到什麼是高低貴賤。他們的感受程度則是隨著和理想的距離而有不同。當他們接近它，就好像在近日點一樣，他們會感到喜樂滿足，當他們宛如在遠日點一般地遠離它，就會覺得遭到懲罰而怏怏不樂。這一切是如此簡單明瞭而顛撲不破。如果說有某些生命經驗以及對於世界的觀察使人無法接受這樣的至高者存在的預設，我們應該會很遺憾。世界的謎題彷彿還不夠多似的，我們又多了一個課題，也就是要探究信徒們到底是怎麼得到它的，而這個信念又是從哪裡獲得巨大的力量，使得它可以戰勝「理性和知識」。（譯注 1）

現在我們回到至今探討過的比較謙虛的問題。我們要解釋猶太民族的奇特性格是怎麼來的，而讓他們得以持存到現在的，很可能就是這個性格。我們發現摩西把這個性格烙印在他們身上，因為他賜予他們一個宗教，提高了他們的自信心，致使他們相信自己比所有其他民族都更優越。他們之所以持存到現在，正是因為他們和其他民族保持距離。血統混合的問題並不重要，因為把他們凝聚在一起的，是一種理想性的因素，那是具有特定的思想和情感價值的共同財產。摩西的宗教便有此作用，因為（一）它讓人民分受了一個新的神性觀念的偉大；（二）因為它宣稱這個民族是被神揀選的，被指定要見證他們特別的蒙恩；（三）因為它推動民族在靈性上的進步，這件事本身就是意義重大的事，此外它更為了對於知識的重視以及進一步的驅力放棄而鋪路。

這就是我們的結論，儘管我們沒有任何收回的意思，它卻不可諱言的並不是那麼讓人滿意。正所謂有心栽花花不發，原因到頭來並沒有和結果一致。我們想要解釋的事實，看起來和我們在解釋時引用的任何東西都風馬牛不相及。我們至今的研究挖掘出來的，有沒有可能並不是完整的動機，而只是表層而已，而底下或許有其他更重要的環節等著被挖掘？試想一下，我們在人生和歷史必須應付的所有因果關係有多麼錯綜複雜！

我們在前面討論的某個段落裡大概觸及了這個更深的動機。摩西的宗教的影響並不是那麼直接，而是以一種很奇怪的間接形式。這並不是說它本身有沒任何作用。那要花很久的時間，許多世紀，才有辦法做到，就一個民族性格的烙印而言，那是不證自明的事。我們之所以有所保留，那是和我們在猶太宗教史裡擷取的（或者說是置入的）一個事實有關。我們說過，猶太民族在經歷一段時間之後拋掉了摩西的宗教——我們不確定是整個拋棄了，或者保留了一部分的規定。由於我們假設說，在長久佔領迦南地並且和定居在當地的民族相互較勁之後，雅威的宗教其實和對於其他巴力神的敬拜沒有太大的差別，我們的歷史依據因而迥異於後來竭力掩飾這個羞恥事實的種種意圖。可是摩西的宗教並沒有就此銷聲匿跡，關於它的一種記憶一直保存著，或許是由司祭階級的成員以古老的經文支持這個記憶。這個關於一個偉大的過去的傳說彷彿持續在幕後操控著，它漸漸獲得支配人心的力量，直到讓雅威變成了摩西的神，因而使得數個世紀以前創立而又被它他們拋棄的摩西的宗教重獲生命。

我們在這篇論文前面的章節裡提到說，如果想要理解傳說的這種功能，這個假設似乎是不可避免的。

譯注

譯注1：語出：Goethe, *Faust*：「讓你去蔑視理性、知識，人類擁有的最高的實力，讓你沉迷於魔術幻術，獲得誆騙精靈的鼓舞，我不用契約已將你駕馭——命運已經賦予他一種精力，永遠向前直闖，不受拘束，這種過分輕率的努力，跳躍過塵世的歡情樂趣。」（歌德，《浮士德》，頁118，錢春綺譯，商周出版，2022。）

第六章　被潛抑的事物的回歸

現在，我們的心理分析研究讓我們認識到了許多類似的歷程。我們把其中一部分叫作病態的，另一部分則是形形色色的正常狀態。不過這並不重要，因為兩者之間並沒有那麼涇渭分明，它們的機制大抵上也沒什麼兩樣。更重要的是，相關的改變是在自我裡發生的，抑或對自我而言是個外來者，也就是所謂的症狀。在汗牛充棟的材料當中，我會挑選和性格演變有關的個案來探討。有一個女孩，她和母親的對立越來越尖銳，養成了母親欠缺的所有屬性，而所有會讓她想起母親的屬性則被她拒於門外。我們可以補充說，就像每個女孩子一樣，她在早年也會仿同母親，現在卻竭力抗拒這個仿同。然而，當這個女孩子結婚而為人妻為人母，我們訝然發現她越來越像她原本憎恨的母親，直到那個被她打敗的母親仿同到頭來堂而皇之地捲土重來。男孩子也是如此，就連偉大的歌德也不例外，他在狂飆時期（Geniezeit）當然也並不怎麼尊敬頑固而迂腐的父親，可是到了晚年，他的性格特質卻和父親如出一轍。兩個人的對立越是強烈，這個結局就越加鮮明。有一個年輕人，他命中注定有個卑鄙無恥的父親，起初，和父親正好相反，他是一個能幹、可靠又正直的人。在壯年的時候，他卻性格不變，行為舉止宛若以父親為其榜樣。為了不要離題，我們必須記得，在這種歷程的開端都會存在著兒時對於父親的一種仿同。這個仿同會被厭惡，甚至過度補償（überkompensiert），到頭來又得到認同。

我們早就知道，孩子在五歲前的經驗對於一生有決定性的影響，那是後來任何事物都無法抵擋的。關於早年的影響如何抗拒成年期的任何衝擊，有很多值得一提的，不過那不是這裡要談的東西。然而不是很多人知道，有些經驗是孩子在其心理結構還沒有完全可以接受的時候感受到的，而最強烈的強迫性作用正是源自於那些經驗。這個事實本身是毋庸置疑的，然而它卻讓人相當困惑，我們或許可以用攝影作比喻以幫助理解，也就是說，它會在一段時間之後顯影變成一張照片。不過我在這裡也要指出，有個才華洋溢的作家在我之前就膽大心細地發現了這個讓人不安的事實。**霍夫曼**（E. T. A. Hoffmann）曾經說過，他筆下層出不窮的人物，其實都要回溯到兒時在母親懷裡搭著驛馬車數週的旅途中變化多端的畫面和印象。兩歲的孩子既無法理解他們經驗到的東西，而且除了在夢裡也不會記得。直到心理分析的治療，它們才會浮上心頭，可是它們會在任何時候以強迫症的衝動闖入生活，操控他的行為，左右他對人的好惡，而對於他的擇偶也往往無法提出合理的解釋。這個事實顯然在兩個方面和我們的問題有關。其一是時間上的久遠（注1），它在這裡可以說是決定性的因素，例如說，在被我們歸類為「無意識」的童年經驗裡的特殊記憶狀態。我們相信可以在其中找到和民族心理世界裡的傳說極其類似的心理狀態。當然，要把無意識的觀念導入群眾心理學裡，那並不是容易的事。

我們正在探討的現象的成因，一般而言都是由可能導致精神官能症的種種機制構成的。早期童年的決定性事件在這裡出現，不過這裡的重點不在於時間，而是和那個事件相對立的歷程，也就是對於它的反應。用公式化的說法，我們可以說：經驗會造成一個驅力的要求，它要求得到滿足。自我拒絕這個滿足，或者是因為這個要求獅子大開口而不知所措，或者是它認為其中有危險。第一個理由是比較源初的，這兩個理由都是要避免落入險境。自我以潛抑的歷程抵抗危險。驅力衝動（Triebregung）不知怎的被抑制，動機及其相關的認知和想像也被遺忘。可是整個歷程並沒有就此結束，驅力或者是維持其強度，或者是捲土重來，或者是被某個新的誘因喚醒了。它會重提它的要求，而且既然我們所謂的潛抑傷疤阻礙了正常的滿足道路，它會伺機取徑於現在表現為症狀的一種所謂的替代性滿足（Ersatzbefriedigung），既沒有自我的批准，也沒有讓它知道。所有症狀形成的現象，我們可以把它們合理地叫作「被潛抑的事物的回歸」（die Wiederkehr des Verdrängten）。然而，它們的獨特性格在於，相較於被潛抑事物原來的形式，它們其實遭到了極大程度的扭曲。或許有人會說，我們最後援引的這些事實和傳說沒有半點相似之處。可是如果我們因此可以更清楚放棄驅力的問題，我們應該不會後悔這麼做。

注釋

注 1：在這裡有個詩人應該有話要說。為了解釋他的情愫，他想像說：「啊，妳是我累世歷劫的妹妹或妻子。」（Goethe, Bd. IV der Weimarer Ausgabe, S. 97）

第七章　歷史的真相

以上所有關於心理學的題外話，都只是要讓人更加相信說，摩西的宗教直到變成一種傳說，它才真正對於猶太民族產生潛移默化的效果。我們或許只能說那只是個可能性。不過我們姑且假設說我們已經證實了這個可能性；可是就算如此，我們還是會覺得只是滿足了質性因素的要求，而沒辦法滿足量的因素的要求。任何和宗教（當然也包括猶太教）的形成有關的現象，都是我們至今的解釋沒有探討到的重大事件。其中應該也有其他因素，我們既找不到類比，也沒有任何相似的東西，那是獨一無二的，唯有源自於它的事物，例如說宗教，才可以和它相提並論。

我們試試看是否可以從反面探究我們的對象。我們知道原始民族需要一個神，作為世界的創造者、部落的族長以及個人的守護者。這個神就站在傳說中提到的那些死去的父親身後。後代的人們，例如說我們這個時代，其實也沒什麼兩樣。他也像嬰兒一樣需要保護，即使他已經是成年人了；他覺得不能沒有神的支持。這些都是沒有爭議的，只是我們難以理解為什麼只能有一個神，為什麼從單一主神論

（Henotheismus）到一神論的演變歷程如此意義重大？如前所述，信徒會分受他們的神的偉大，而神的力量越強大，對於他們的保護就越加可靠。但是神的力量並不必然要以祂的獨一性作為預設：許多民族會讚美他們的至高神，因為祂統治著其他次級神，其他神的存在並不會減損祂的偉大。然而如果神是普世性的，而且平等慈怙所有國家和民族，那麼就會犧牲了祂的親近性。那差不多是說一個人必須和陌生人分享他的神，而他只能以神對他的特別恩寵作為補償。我們當然還是可以認為獨一的神的觀念意味著靈性的進步，但是這個看法並沒有太大的價值。

關於這個動機上的明顯漏洞，虔誠的信徒們都知道怎麼填補它。他們說，獨一的神的觀念之所以對人們而言如此震撼，那是因為它是永恆**真理**的一部分，它隱藏了很久，現在總算開顯出來，而讓人為之神往。我們必須承認，我們終於找到了一個可以和我們的對象的偉大及其成就相提並論的元素了。

就連我們也願意接受這個答案。可是我們有個疑慮。信徒們的論證是以一個樂觀主義和理想主義的預設為基礎的。我們在其他地方沒辦法證明人類知性對於真理有多麼敏銳的嗅覺，人的心理世界也看不出來有什麼渴望真理的特別傾向。相反的，我們都知道，人類知性只要一個沒有提防就很容易犯錯，而且特別容易相信那些迎合我們的種種願望幻覺（Wunschillusionen）的東西，而把整個真理都拋到腦後。所以說，我們只能有條件地贊同這個答案。我們也相信信徒的答案包含了一部分的真相，不過那不是**質料的**真相，而是**歷史的**真相。我們要趁機修正這個真相在重現時遭遇到的某個扭曲。也就是說：我們不相信現在有個獨一的、偉大的神，寧可相信在史前時代有一個人，他在當時實在太偉大了，因而後來被舉揚到神性的地位，重現在人們的記憶裡。

我們以前猜測說，摩西的宗教起初被人們擯棄而且有一部分被遺忘了，接著以傳說的形式破繭而出。現在我們則要假設說，這個歷程其實就是從前歷程的第二次重複。當摩西對他的人民宣揚獨一的神的觀念時，那並不是什麼橫空出世的理念，因為那是意味著再度喚醒一個在史前人類家庭裡早已存在的記憶，而這個記憶在有意識的記憶裡湮沒很久了。可是它實在太重要了，而且在人的一生裡造成或是預備了如此決定性的改變，使得我不得不認為它必定在人類心靈裡遺留了某個類似傳說的恆久痕跡。

我們從個人的心理分析那裡認識到，他們在牙牙學語時的早年印象，後來都表現出類似強迫症性格的作用，但是對於這些印象卻沒有任何有意識的記憶。我們認為可以合理假設人類最早的經驗也是如此。其結果之一就是出現了獨一的偉大的神的觀念，它雖然遭到了扭曲，我們卻必須承認它是個有憑有據的記憶。這種觀念擁有強迫症性格，人不得不相信它。就它持續遭到扭曲而言，我們可以把它叫作一種**妄想**（Wahn），而就它作為往事的重現而言，我們則應該把它叫作**真相**。即使是精神病學意義下的妄想，也會包含著一部分的真相，病人的信念其實是源自這個真相，而延伸到妄想的外衣。

（以下的段落差不多是重複前面的說法而沒有什麼變動。）

一九一二年，我在拙著《圖騰與禁忌》裡試著以這些作用為起點，重構古老的情境。此外我也引用了**達爾文**、**阿特金森**、特別是**史密斯**的若干理論思考，把它們和心理分析的發現和暗示結合在一起。我借用達文爾的假設，認為在史前時代，原始人以一種小群落的形式生活，每個群落都由一個年長的男人以殘暴的方式統治，所有女人都是他的，而他也會懲罰或除掉所有年輕男人，包括他的兒子們。依據阿特金森的猜想，我認為這個父權體系會因為兒子們的叛變而告終，他們聯手對付父親，打敗他並且把他的身體吃下肚子。而我也沿襲史密斯的圖騰理論猜想說，這個父親群落接著會被一個圖騰敬拜的兄弟氏族（Brüderklan）取代。為了可以和平相處，獲勝了的兄弟們放棄了女人（他們正是為了女人才打死父親的）而採行族外通婚制度。父親的權力被瓦解，建立了母權的家族。兒子們對於父親的情感矛盾一直左右著往後的整個演變。特定的動物取代了父親成為圖騰；牠被視為祖先或者守護靈，任何人都不准傷害或殺害牠。然而，每年有一天，整個兄弟氏族會齊聚舉行圖騰宴，把平常敬拜的圖騰肢解並且一起吃掉。任何人都不准拒絕圖騰宴，那是以慶典的形式重現弒父的場景，也是社會秩序、倫理法則和宗教的開端。其實在我之前就有一些作家察覺到史密斯的圖騰宴和基督教的聖餐禮之間的一致性了。

我至今仍然堅持這個結構。有人猛烈抨擊我沒有在後來的版本裡修正我的看法，因為近年來的民族學家莫不拋棄了史密斯的理論，有些人則是提出其他大相逕庭的理論。我必須回答說，我很清楚這些所謂的進步。但是我既不認為這些新理論是正確的，也不覺得史密斯有什麼錯誤。理論有矛盾並不意味著就要拒絕它，提出新理論也不一定是進步。再說，我也不是民族學家，而是個心理分析師。我有權利擷取對於我的心理分析有幫助的民族學文獻。天才橫溢的史密斯的作品讓我看到和心理分析研究材料的銜接點，並且提醒我怎麼使用它。至於他的對手們的作品，我就不敢這麼說了。

第八章　歷史的演變

我沒辦法在這裡詳盡地重述《圖騰與禁忌》的內容，但是我必須把我們假設的史前時代的事件和歷史時代的一神教的勝利之間日久歲長的空隙填補起來。當兄弟氏族、母權社會、族外通婚以及圖騰敬拜拼湊在一起，就開啟了所謂漸進式的「被潛抑的事物的回歸」的演變歷程。「被潛抑的事物」（das Verdrängte）這個術語和它原來的意思無關。它是指過去的事物，下落不明的事物，在人民的生活裡被拋棄的事物，我大膽地把它和個人心理世界裡被潛抑的事物劃上等號。過去的事物在它的黑暗期裡以什麼樣的心理形式存在，我們還說不上來。要把個體心理學的概念翻譯成群眾心理學，並不是容易的事，就算引用「集體」無意識的概念，我也不認為有什麼幫助。無意識的內容當然是集體的，是人類的共同財產。正因為如此，我們信手拈來引用了若干類比應付一下。我們在人民生活裡探究的歷程，相當類似於我們在精神病理學裡經常看到的歷程，可是又不盡相同。我們終於決定假設說，那個史前時代的心理沉澱物變成了遺產，每個新的世代只需要被喚醒，而不需要習得。在這裡我們想到那當然是「天生的」語言符號的例子，它源自語言發展期，所有孩子都很孰悉那些符號，而不需要特別的教導。所有民族也都是如此，儘管語言各自不同。而我們至今仍然欠缺的確定性，也可以由心理分析研究的其他結論獲得。我們知道，我們的孩子在許多重要的關係裡的反應並不符合他們的經驗，而是像動物一樣出於本能，只有以系統發生學裡的遺傳才有辦法解釋。

被潛抑的事物的回歸歷程相當緩慢，它當然不是自發性的，而是取決於充斥在人類的文明史裡的生存條件的所有改變。我在這裡既沒有辦法概述種種依變性，也不想掛一漏萬地列舉這個回歸的種種階段。父親再度變成一家之長，不過早就沒辦法像史前群落的父親那麼為所欲為了。在若干依舊清晰可辨的轉型階段裡，神淘汰了圖騰動物。而以人類為形象的神，起初依然擁有動物的頭部，接著則是習慣化身為這隻動物。再接下來，這隻動物變成了祂的聖獸以及隨從，或者是神殺死了這隻動物並且以它作為別名。接著登場的英雄則是介於圖騰動物和神之間，往往是神格化（Vergottung）的預備階段。一個至高神的觀念似乎很早就出現了，起初只是模模糊糊的觀念，和人們的日常事務沒有什麼交涉。隨著各個部落以及民族團聚成更大的整體，諸神也組成了家族而有種種位階之分。往往有其中一個神會被舉揚為諸神和人類的上主。接著則是猶豫不決地走到下一步，也就是只敬拜一個神，到了最後才決定把所有權力都歸於一個獨一的神，而除了祂不容許有任何其他神的存在。唯有如此才能恢復史前群落的父親的顯赫，而對於他的種種情感也會重現。

和思慕已久的對象重聚的第一個效應讓人相當震撼，正如西乃山上立約的傳說所描寫的。對於在神眼裡聖潔蒙愛，人們感到驚奇、敬畏和感激——我們在摩西的宗教裡只看到對於父神的正面感情。他們相信祂是不可抗拒的，順服於祂的意志，然而這對於群落父親的無助而顫慄的兒子而言，其實並不如以往那麼絕對，唯有置換到原始民族和嬰兒期的氛圍，他們才會完全明白。嬰兒的感覺刺激遠比成人要強烈且深刻得多，唯有宗教裡的出神（Extase）才能找回這種感覺強度。因此，在順服神時的狂喜，可以說是對於偉大的父親的回歸的第一個反應。

這個父神宗教的方向因而在所有時代裡確定下來，可是它的演變並沒有就此打住。情感矛盾（Ambivalenz）是父子關係裡的基本元素；我們不排除在那個期間也漸漸產生恨意，使得史前時代的兒子殺死了既孺慕又畏懼的父親。在摩西的宗教裡不會有直接表現出弒父仇恨的空間；我們只會看到對於它的強烈反彈，也就是因為這個恨意而產生的罪惡意識，因為對神犯了罪而且不停地犯罪而良心不安。先知們不斷地提醒人的、而且不久就構成了宗教體系不可或缺的內容的這個罪惡意識，其實還有另一個表面的動機，它巧妙地遮掩了情感的真正源頭。這個民族悽悽惶惶，流離失所，對於神的救恩的盼望一直沒有實現，要堅持那個比任何東西都更加珍貴的幻想，也就是相信自己是神的選民，那並不是容易的事。如果他們不想放棄這個快樂，那麼這個因為自己的犯罪而產生的罪惡意識就會是關於神的一個好藉口。神的懲罰是他們罪有應得的，因為他們沒有遵守律法，而因為渴望滿足這個溝壑難填而且源自深處的罪惡感，於是他們把律法變得更苛刻、更尷尬、更瑣細。在道德禁慾的另一陣狂喜裡，他們一再強迫自己放棄驅力，藉此至少在教義和律例方面成就了一個道德的巔峰，那是其他古代民族難望其項背的。許多猶太人認為這個巔峰的演變是他們的第二個主要性格，也是他們的宗教的第二個偉大成就。由我們的解說應該可以突顯它和第一個成就的關聯性，也就是獨一的神的觀念。然而不可否認的，這個倫理學其實是源自因為壓抑對於神的恨意而產生的罪惡意識。它擁有類似強迫症反應的牽扯不清而沒完沒了的性格；我們也會猜想它是基於暗潮洶湧的懲罰意圖。

接下來的演變則是逾越了猶太教的範圍。太初父親悲劇的重演的其他部分和摩西的宗教完全是兩回事。那個時期的罪惡意識再也不限於猶太民族。那是一種莫名的不自在，一種不明所以的不祥感，它一直侵襲著地中海各個民族。我們現在的歷史記載也會談到古代文明的老化。我猜想這些記載只把握到這些民族抑鬱的偶然原因和助因而已。這個壓抑情境的解釋要從猶太教下手。儘管有種種推波助瀾的原因，**大數的掃羅**，也就是羅馬公民**保羅**，有一天心裡豁然明白：我們之所以如此顛沛流離，那是因為我們殺死了天父。現在我們都知道為什麼他要以福音的妄想外衣訴說這個真相：我們被赦免了所有的罪，因為我們其中有個人犧牲了他的生命為我們贖罪。這個說法當然沒有提到他們怎麼殺死了神，可是只有殺人罪才有可能是個必須犧牲生命才得以贖罪的過犯。再說，那犧牲生命的是神的兒子，這個說法也鞏固了妄想和歷史真相之間的關聯性。這個新的信仰力量源自於歷史真相，這使得它排除了所有障礙；救贖取代了讓人狂喜的被揀選的觀念。然而相較於一神教的內容，弒父的事實在回到人的記憶裡的時候必須克服更大的抵抗；它也必須經歷更大規模的扭曲。一個相當不知所云的原罪假設，取代了難以啟齒的犯罪事實。

原罪和經由犧牲生命的救贖，成為保羅建立的新興宗教的基石。在聯手對抗太初父親的兄弟群落當中，是否真的有個弒父的首領和主謀，或者是作家後來穿鑿附會，創造出想像的人物，把他們自己英雄化，然後才被嵌進傳說裡，我們則不得而知。在基督教的教義突破了猶太教的藩籬之後，它便開始吸收許多不同來源的元素，放棄了純粹的一神教的若干特徵，在許多細節上緊貼著其他地中海民族的祭祀儀式。那就像是埃及在報復易肯阿頓的後裔一樣。值得注意的是這個新興宗教怎麼面對父子關係裡的古老的情感矛盾。它的主要內容固然是和天父的和解，赦免對祂犯的罪，可是感情關係的另一面也表現在承擔了罪的兒子自己變成了父親之外的神，其實就是取代了父親。基督教從一個父親的宗教變成了一個兒子的宗教。它到頭來還是無法逃避必須剪除父親的宿命。

只有一部分的猶太民族接受了這個新的教義，那些拒絕的人至今仍然叫作猶太人。相較於以往，這個區別使得他們和其他民族更加格格不入。他們不得不遭到新的宗教團體的指摘，除了猶太人以外，更包括希臘人、敘利亞人、羅馬人以及後來的日耳曼人。這個指摘的完整說法是：他們不想承認他們殺死了神，可是我們承認了，而且滌淨了這個罪。我們不難看到這個指摘後面隱匿了多少真相。為什麼猶太人沒辦法跟著大家一起前進，就算以種種扭曲的形式，也要招認謀害神的事實，這或許是一個特別研究的對象。他們為此或多或少承擔了一個悲劇性的罪；人們也為此讓他們遭到嚴厲的懲罰。

我們的研究或許澄清了猶太人如何獲得其種種性格的問題。至於他們如何作為個體而持存到現在的問題，就沒有那麼容易闡明了。然而我們沒有什麼正當的理由要求或期待這類的問題會有詳盡的解答。考慮到我們一開始提到的侷限性，我也只能寫成這樣一篇論文了。

國家圖書館出版品預行編目資料

摩西與一神教 / 西格蒙德．佛洛伊德（Sigmund Freud）著 ; 林宏濤 譯. -- 初版.
-- 臺北市 : 商周出版, 城邦文化事業股份有限公司出版 : 英屬蓋曼群島商家庭傳媒股份有限公司城邦分公司發行, 2024.01
面 ; 公分
譯自 : Der Mann Moses und die monotheistische Religion : Drei Abhandlungen
ISBN 978-626-318-963-8（平裝）
1. CST: 摩西（Moses, Biblical leader） 2. CST: 猶太教 3. CST: 宗教心理
260 112019923

摩西與一神教

原著書名 / Der Mann Moses und die monotheistische Religion: Drei Abhandlungen
作　　者 / 西格蒙德．佛洛伊德（Sigmund Freud）
譯　　者 / 林宏濤
責任編輯 / 林宏濤

版　　權 / 林易萱、吳亭儀
行銷業務 / 周丹蘋、賴正祐
總 編 輯 / 楊如玉
總 經 理 / 彭之琬
事業群總經理 / 黃淑貞
發 行 人 / 何飛鵬
法律顧問 / 元禾法律事務所　王子文律師
出　　版 / 商周出版
城邦文化事業股份有限公司
臺北市中山區民生東路二段141號9樓
電話：(02) 2500-7008 傳真：(02) 2500-7759
E-mail：bwp.service@cite.com.tw
發　　行 / 英屬蓋曼群島商家庭傳媒股份有限公司城邦分公司
臺北市中山區民生東路二段141號11樓
書虫客服服務專線：(02) 2500-7718．(02) 2500-7719
服務時間：週一至週五09:30-12:00．13:30-17:00
24小時傳眞服務：(02) 2500-1990．(02) 2500-1991
郵撥帳號：19863813　戶名：書虫股份有限公司
E-mail：service@readingclub.com.tw
歡迎光臨城邦讀書花園　網址：www.cite.com.tw
香港發行所 / 城邦（香港）出版集團有限公司
香港九龍九龍城土瓜灣道86號順聯工業大廈6樓A室
電話：(852) 2508-6231　傳眞：(852) 2578-9337
E-mail：hkcite@biznetvigator.com
馬新發行所 / 城邦（馬新）出版集團 Cité (M) Sdn. Bhd.
41, Jalan Radin Anum, Bandar Baru Sri Petaling,
57000 Kuala Lumpur, Malaysia
電話：(603) 9057-8822　傳眞：(603) 9057-6622
E-mail：services@cite.my

封面設計 / FE
排　　版 / 新鑫電腦排版工作室
印　　刷 / 韋懋印刷事業有限公司
經 銷 商 / 聯合發行股份有限公司
電話：(02) 2917-8022　傳眞：(02) 2911-0053
地址：新北市231新店區寶橋路235巷6弄6號2樓

■2024年1月初版
定價 360元

Printed in Taiwan
城邦讀書花園
www.cite.com.tw

ISBN 978-626-318-963-8

商周出版

廣　告　回
北區郵政管理登記
台北廣字第00079
郵資已付，免貼郵

104台北市民生東路二段141號11樓

英屬蓋曼群島商家庭傳媒股份有限公司　城邦分公

請沿虛線對摺，謝謝！

商周出版

書號：BK7125	**書名：**摩西與一神教	**編碼：**

請於此處用膠水黏貼

商周出版

讀者回函卡

線上版讀者回函卡

感謝您購買我們出版的書籍！請費心填寫此回函卡，我們將不定期寄上城邦集團最新的出版訊息。

姓名：＿＿＿＿＿＿＿＿＿＿＿＿＿＿＿＿＿＿＿＿ 性別：☐男 ☐女

生日：西元＿＿＿＿＿＿年＿＿＿＿＿＿月＿＿＿＿＿＿日

地址：＿＿＿＿＿＿＿＿＿＿＿＿＿＿＿＿＿＿＿＿＿＿＿＿＿＿＿＿

聯絡電話：＿＿＿＿＿＿＿＿＿＿＿＿ 傳真：＿＿＿＿＿＿＿＿＿＿＿＿

E-mail ：

學歷：☐ 1. 小學 ☐ 2. 國中 ☐ 3. 高中 ☐ 4. 大學 ☐ 5. 研究所以上

職業：☐ 1. 學生 ☐ 2. 軍公教 ☐ 3. 服務 ☐ 4. 金融 ☐ 5. 製造 ☐ 6. 資訊

☐ 7. 傳播 ☐ 8. 自由業 ☐ 9. 農漁牧 ☐ 10. 家管 ☐ 11. 退休

☐ 12. 其他＿＿＿＿＿＿＿＿＿＿＿＿＿＿＿＿＿＿＿＿＿＿＿＿

您從何種方式得知本書消息？

☐ 1. 書店 ☐ 2. 網路 ☐ 3. 報紙 ☐ 4. 雜誌 ☐ 5. 廣播 ☐ 6. 電視

☐ 7. 親友推薦 ☐ 8. 其他＿＿＿＿＿＿＿＿＿＿＿＿＿＿＿＿

您通常以何種方式購書？

☐ 1. 書店 ☐ 2. 網路 ☐ 3. 傳真訂購 ☐ 4. 郵局劃撥 ☐ 5. 其他＿＿＿＿

您喜歡閱讀那些類別的書籍？

☐ 1. 財經商業 ☐ 2. 自然科學 ☐ 3. 歷史 ☐ 4. 法律 ☐ 5. 文學

☐ 6. 休閒旅遊 ☐ 7. 小說 ☐ 8. 人物傳記 ☐ 9. 生活、勵志 ☐ 10. 其他

對我們的建議：＿＿＿＿＿＿＿＿＿＿＿＿＿＿＿＿＿＿＿＿＿＿＿＿

＿＿＿＿＿＿＿＿＿＿＿＿＿＿＿＿＿＿＿＿＿＿＿＿＿＿＿＿＿＿

＿＿＿＿＿＿＿＿＿＿＿＿＿＿＿＿＿＿＿＿＿＿＿＿＿＿＿＿＿＿

請於此處用膠水黏貼